JN055524

the Final stage V6
—ファイナル—

永尾愛幸

太陽出版

プロローグ

11月1日のデビュー記念日をもって解散するV6が、グループ結成記念日の9月4日、4年ぶり通算14枚目のオリジナルアルバム『STEP』をリリースした。

今のV6を〝とことん追求する〟コンセプトで制作された本作のアルバムタイトルは、森田剛の考案の下に名付けられたものだ。

「最年長の坂本くんと最年少の岡田くん、最大年齢差9才の6人が一つのグループを結成する、当時のジャニーズでは珍しい組み合わせでした。そのV6始まりの日に発売された最後のオリジナルアルバムは、全曲新曲（初回盤9曲、通常盤11曲）で構成した、彼らしいチャレンジングな作品となっています」

（音楽プロデューサー）

1995年9月4日、東京・六本木のヴェルファーレでデビュー発表会見を行ったV6は、結成時のメンバー6人のままで今年〝勤続〟26年を迎えた。

最後までステップアップする決意であるかのように、攻めの姿勢を貫いたアルバム『STEP』。中でも話題を呼んでいるアグレッシブな楽曲が、1曲目に配置された『雨』だ。

ラッパーのKOHHが提供したミディアムスローナンバーの楽曲は、そのミュージックビデオからメンバーの強い想いが溢れている。

「コンセプトを決める段階からメンバーが参加し、徹底的に感情表現を追求しています。シリアスな世界観のMVは、冒頭、雨に打たれてずぶ濡れとなった森田くんのシーンから始まり、息を呑む壮絶なシーンの連続で、振付は世界的なダンスパフォーマンスチームのs**t kingz（シットキングス）が担当。まるで短編映画を1本見たような感覚にとらわれるほど、メンバーそれぞれが培ってきた凄みのある演技で圧倒しています」（同前）

この他にもEDMの『blue』、KIRINJI・堀込高樹が楽曲を提供した『素敵な夜』、Def Tech・Micro作詞作曲の『Let Me』など多彩な新曲で構成されており、初回限定盤は意味深な『家族』、通常盤はV6解散と共に活動を終了するComing Centuryの『High Hopes』、活動を継続する20th Centuryの『グッドラックベイビー』で締め括られている。

「V6最後のオリジナルアルバム『STEP』は、オリコン週間アルバムランキングで初登場1位を獲得（初週13.2万枚）。V6のアルバム1位獲得は前々作の『SUPER Very best』（2015年7月29日発売）、前作の『The ONES』（2017年8月9日発売）に続く3作連続で、1990年代、2000年代、2010年代、2020年代の4年代連続でアルバム1位を獲得しました。この1990年代から2020年代の4年代で1位を獲得しているアーティストは、GLAY、Mr.Children、福山雅治、KinKi Kidsに続く5組目の快挙です」（同前）

またアルバム『STEP』を携え、発売同日の9月4日から最後の全国ツアー『LIVE TOUR V6 groove』がスタート。

結成記念日からスタートするツアーは、デビュー記念日の11月1日、千葉・幕張メッセ 幕張イベントホールのコンサートでラストステージを迎える。

「ツアーは9月4日、5日のマリンメッセ福岡からスタートし、ほぼ毎週末の土日を中心にしたアリーナツアーで、社会人ファンも参加しやすいように考えられています。V6といえば〝聖地〟国立代々木競技場第一体育館が含まれていないのが残念ですが、埼玉県のさいたまスーパーアリーナ、神奈川県の横浜アリーナ、千葉県の幕張イベントホールと首都圏3会場を押さえているのは、コロナ禍の県境移動を念頭に置いた、いかにもV6らしい配慮に他なりません」（同前）

最後まで、とことんファン想いのV6。

そんな彼らの解散間近のラストメッセージをお届けするのが本書だ。

今の心境、今だから話せる本心などを中心に、現在と過去の名言を交えてお贈りしたいと思う。

どうか最後の1ページまでお楽しみいただきたい――。

目次

the Final stage V6

2021.11.1 —— 26th & forever V6

the Final stage V6

Final episodes & messages

〝V6フィナーレ〟を迎えるにあたっての森田剛の本当の想い

V6が結成20周年、CDデビュー20周年を迎えた2015年当時、森田剛は某女性誌のインタビューで、メンバーそれぞれについての印象を語ったことがあった。

「よくある記念企画の一つですが、それまでの森田くんは様々なインタビューで『**メンバーは仕事仲間。それ以上でもそれ以下でもない**』――とドライに反応していたので、一人ずつ答えを用意していたことに驚きました。しかも短い言葉の中に、照れ屋の彼らしい〝愛情〟を感じることが出来るのです」

(民放プロデューサー)

たとえばそれは、こんな感じだ――。

『健との出会いは今でもよく覚えてますね。
紫色の服を着て、態度の悪い何か変な子ども。
それがそのまま、大人になっちゃった感じ。
最近はアウトな発言で楽しませたりしてるけど、
「人間ぽくていいんじゃないかな?」と思ってます』

『岡田の印象は今も昔もずっと変わりません。
自分を追いつめて、それを力にするタイプ。
そこは共感するし、打ち合わせをしていてもすごく楽な相手。
あまり説明しなくても伝わるし、年下なのにこちらをわかってくれようとする』

『坂本くんは仕事のとき、たまに「緊張する」って言ってる姿を見て、
「それだけ毎回新鮮な気持ちで取り組んでいるんだな〜」って、感心させられます。
昔から料理が好きで、それが仕事になるっていいですよね。
前に鍋を作ってもらったけど、キレイで品のいい鍋でした』

『長野くんは人を緊張させない、大らかな人。
でも逆に言いたいことを言わずに我慢している気がするので、
たまには思いっきり吐き出して欲しい。
昔からブレない自信や自我、自覚を持ってる人』

『井ノ原くんは年下から見て、ずっといいお兄ちゃんのまま。
Jr.時代からケンカの仲裁役をやってくれてた。
MCとしてソロで大成してスゴいと思うけど、
俺はV6でいるときのふざけた井ノ原くんが好き』

『森田剛――俺自身はいろいろな経験を経て、
どんどんと自分を客観的に見るようになってきました。
まだ35才（※当時）で中途半端、今が変わりどきなのかもしれない。
自分自身に飽きちゃうタイプだし、年々気が小さくなっていくけど（苦笑）、
どうせなら思いっきり変わってみたい』

意外だったのはトニセンの3人に対するコメントに〝甘えん坊〟の一面を感じさせたことと、自分自身を『年々気が小さくなっていく』とした部分だろう。

「トニセンに対しては甘えん坊というよりも、むしろ〝いつまでも甘えていたい〟気持ちの表れではないですかね。しかし20周年の時に『**年々気が小さくなっていく**』と自覚していた森田くんが『**どうせなら思いっきり変わってみたい**』――と感じていたことを、宮沢りえさんとの結婚、ジャニーズ事務所からの退所で結果的に〝叶えた〟のが、とても印象に残る当時のコメントでした」（同民放プロデューサー）

実は森田剛は結成25周年、CDデビュー25周年のときにも、オフレコでメンバーに対しての印象を語っていた。

そのときは個々についてではなく、〝V6と自分についての関係性〟に触れているのだが、20周年のときのコメント、さらにより深い人生経験を経てのセリフだけに、かなり興味深いものになっている。

『みんなも知っての通り、
ジャニーズ事務所のグループにとって〝25周年〟というのは大きな鬼門になっていて、
V6は誰一人欠けることがなく、こうして走り続けてこれたことが、
自分の中でも誇りになっているんですよね。
でも同時に25周年を迎え、
その前の年（※2019年）に俺たちを生み出してくれたジャニーさんが亡くなり、
次のステップに進むべきときが来たことも感じているんです。
俺はV6でライブをやり、バラエティ番組でふざける時間が本当に楽しくて幸せだけど、
自分たちの力ではどうしようもないコロナ禍に襲われて、
人生は本当に一寸先に何が起こるかわからない。
〝悔いのないようにどう生きるか〟考える岐路に立っているんじゃないかな』〈森田剛〉

実際にはこの少し前から退所の相談を始めているが、揺れる想いを匂わせるセリフに〝V6でもあり続けたい自分〟が溢れている。

「最後のアリーナツアーで『V6としてのすべてを出し切る』――そう決意している森田くんは、夏前からコツコツとトレーニングを重ね、体力とパワーを蓄えてツアーに臨んでいます」(同前)

森田は〝V6最後のツアー〟に臨むにあたって、こう語った――。

『最後だからこそ〝最高の自分たち〟を見せなきゃならない』

〝自分〟ではなく〝自分たち〟のために、懸命にコンディションを整えたのだ。

森田剛は、そしてV6は、〝最高の自分たち〟をファンの目に焼きつけて、フィナーレを迎える――。

〝Timeless〟に込めたメンバーの想い

「〝V6解散〟を前にジャニーズ公式オンラインショップで売り出されたメモリアルグッズに、〝Timeless〟と名付けられたパール・ネックレスがあります。もちろん間違いのない本真珠ネックレスですので、お値段も45,000円とグッズにしては高価。それでも26年間も活動してきたV6の最後のメモリアルグッズですし、期間限定でなかなかの売れ行きを示していると聞いています」

（人気放送作家氏）

V6のメモリアルグッズは、概ね評判が良く、企画から積極的にアイデアを出していた三宅健は――

『ファンのみんななら〝ネックレスに込めた意味〟、わかってくれると思っていた』

――と、ホッと胸を撫で下ろしたそうだ。

『そりゃ解散のメモリアルグッズが売れなかったら、受注生産でもショックでかいじゃん。
確かに値段については賛否両論あるだろうけど、
本物の真珠で一生の記念に残るものを作ろうとしたら、
頑張ってもそれぐらいの値段になっちゃうんだもん（苦笑）』

三宅が想いを込めて目指した、絶対に譲れないコンセプトの一つが『一生モノであること』だった。

『俺たちが解散したら、そりゃしばらくはそれぞれのメンバーを応援してくれるとは思うけど、
グループとしてはきっと〝推し変〟されちゃうと思うんだ。
まあ、もうV6は生では見られないわけで、
ライブが大好きな人は他のグループを応援しなきゃ耐えられない』

推し変されることを前提に考えると、仮に〝メモリアルSPアクリルスタンド〟みたいなものをメモリアルグッズの看板にすると、のちのち推し変されたとき、『置き場がないからって、簡単に捨てられる運命かもしれない』恐怖が、三宅はどうしても拭えなかったのだ。

「三宅くんは購入してくださったファンの方が、仮に推し変しても〝これだけは絶対に捨てられない‼〟と大切にしてもらえるような、そんなグッズにしたかったそうです」（同人気放送作家氏）

値段の面でも、まさか推し変したからといって45，000円のグッズをそう簡単には捨てられまい。

『何か〝推し変したら捨てられてしまう〟方向で話が進んでるけど、別に俺はそれを回避したいがためにパール・ネックレスを選んだわけじゃないからね（笑）』

11月1日、幕張イベントホールでのコンサートをもって、グループを解散するV6。

しかし解散した後も、ファンの皆さんが彼らを応援してくれていた時間は永遠。

最初はメンバーから――

『〝時間は永遠〟ってことで、「時計がいいんじゃない？」って意見も出た』

――そうだが、三宅はメモリアルグッズに込めた想いをこう明かす。

『それこそデビュー前からそれぞれのメンバーを推してくれていたファンの方から、
つい最近僕らに興味を持ってくれたファンの方まで、
俺たちにとって「V6が好き」と言ってくれる皆さんは、全員が〝特別な存在〟なんですよ。
その特別な皆さんに、俺たちが〝特別だと思ってる証〟として、
特別なモノをずっと持っていて欲しい。
その気持ちを突き詰めていって、
〝メモリアルのパール・ネックレス〟に辿りついたわけ』

三宅のみならずメンバー全員も――

『V6との思い出と共に、大切に手入れしながら使ってもらいたい。
本当に長く、一生使っていけるものだから』

――と語る。

「また期間限定とはいえ品数限定ではなく受注生産にした理由は、『買えない人が出ないように。買う意思があってお金が用意出来れば、誰でも買えるようにしたかった』――そうです。品数限定にするとフリマアプリに売りに出す転売屋が現れ、元値の何倍にも高騰する可能性もありますからね」(同前)

しかし受注生産ゆえ、発送は解散よりもさらに先の12月中旬以降が予定されているようだ。


『11月1日が終わった後、メモリアルグッズが届くまで1ヶ月以上空くけど、俺としてはそれまでの期間、まだV6のことを感じていて欲しいんですよ。

そして手元に届いたら、V6を応援してくれていた日々、
余韻に浸っていた日々の想いも含めて、
パール・ネックレスを身につけてもらえれば。

その瞬間からV6はずっと皆さんと一緒にいるから。

メモリアルグッズをコンサートグッズと別にしたのは、

〝永遠に特別なもの〟であり続けて欲しかったから。

〝Timeless〟のネーミングも、そこから考えて名付けてるし。

こう見えて、いろいろと考えてるんだよ(笑)』〈三宅健〉

V6メンバーの想いが込められた、V6からの〝特別な贈りもの〟。
皆さんもメンバーの想いを胸に、身につけて欲しい。
その瞬間からV6は、ずっと皆さんと共にいるのだ。
〝永遠に特別な存在〟として——。

〝6人の想い〟そして共に築き上げてきたV6の〝今〟

今年3月12日、エンターテインメントの裏側に密着する番組『連続ドキュメンタリー RIDE ON TIME』〝Season3〟のトリとして、V6が特集された。

「当時25周年記念ライブを目前に控えたV6の舞台裏の貴重な映像が満載でした。ライブに向けての綿密な打ち合わせ風景や細かい部分にまでこだわり抜くステージリハーサル、V6メンバー6人の真摯にライブに取り組む素顔が存分に映し出されていましたね」(番組制作スタッフ)

1995年11月1日、国立代々木競技場・第一体育館でデビューしたV6は、デビュー10周年、15周年、20周年の節目の年はもちろんのこと、過去何度もこの地でライブを開催してきた。

そして迎えた25周年、V6はグループの〝聖地〟ともいえる、この場所に再び立っていた。

2020年11月1日、25周年を迎えたその日に行われた一夜限りの配信ライブ『V6 For the 25th anniversary』。

番組は、事前収録とライブ映像を織り交ぜる構成で、25周年配信ライブへ向け行われていた打ち合わせ、リハーサルに密着。デビュー以来25年の月日を共に積み重ねてきたからこそ出来る〝V6ならではの表現〟を追い求める6人の姿を追っていた。

「残念ながらコロナ禍により配信ライブとなったものの、逆にその強みを生かした演出にこだわることで、メンバー6人が意見を出し合い、通常のステージ演出とはまた違ったV6の魅力を披露してくれるライブになりました」(同制作スタッフ)

ライブ当日を約1か月後に控えた2020年9月末、配信ライブの演出打ち合わせが行われた。

ステージ演出に関わるスタッフとメンバー6人の間で、ライブの構成の詳細、そして〝ファンクラブ限定配信のラストをどの曲にするか〟などが熱く話し合われていく。

そして番組をご覧になった方はご存じだろうが、セットリストにある楽曲『ある日願いが叶ったんだ』には、「ファンの想いをメンバーがしっかり受け止めている」ということを表すための〝特別な映像演出〟が加えられることになる。

ダンスレッスンの合間に、坂本昌行と長野博が、その演出について打ち合わせをしている姿も番組はとらえていた――。

「（歌に合わせて）星が1個キランと光るとか」と提案するスタッフに対し長野は――

『星が流れちゃうだけじゃなくて、ちゃんと人に絡まるところがあると（いい）』

――と意見を述べる。

続いて坂本も――

『フワッと手を出したら言葉が落ちてきて、それが〝みんなの願いだった〟っていう。「〝みんなの願い〟がうちらの手元にあって、叶える」――っていうメッセージなんだけど』

――と、改めて演出の意図を説明する。

そして後日、出来上がってきたイメージ映像を確認した坂本は〝浮かび上がるハートのモチーフが弾けて消えてしまう〟ことに違和感を覚え――

『ハートが消えるのもさみしい』

――と言い、〝みんなの願い〟を表す文字に対し長野が、

『字体もちょっと違う。
筆記体だとカチッとしちゃうから。
〝手書きフォント〟っぽいのがいいよね』

――と、さらに細かく希望を告げる。
ステージから贈り出す、すべての楽曲の演出に細かいこだわりを見せた6人。

ある日のリハーサルでは、新曲『クリア』の試聴が行われていた。

「この『クリア』は、メンバーがラッパーのKREVAに依頼して制作した楽曲です。〝6人が曲に込めたい想い〟をKREVAに伝えて仕上がった楽曲だけに、井ノ原くんは歌詞を指しながら『**ここ、めっちゃ好きだったんだ、俺たち。もろ、〝今の〟って感じだと思うよ、V6の**』——と、笑顔を見せていました。6人の〝今の想い〟が詰まった1曲になりましたね」(同前)

そしてリハーサルでは森田が、『クリア』の〝椅子を使った〟演出でのセッティング位置を確認。

大きく距離を空けて置かれている椅子を見て——

『**それじゃ意味がないんだよな**』

——と言うと、

『**もう1回、(椅子の間隔を)ギュッと**』

——と提案し、メンバー間の距離をぐっと縮める。

森田は自分の位置に座ると、全体が見える鏡をじっと見つめ――

『こっちのほうが好きかな』

――と呟いた。

「森田くんにとって、いやメンバー全員にとって、『クリア』を表現するためには〝メンバー間の距離〟が大事なのです。その距離は決して離れていてはいない。常に一緒にいるわけではないけれど、共に歩み、共に意識し合い、25周年の迎えた。そうして歩いてきた6人にとってベストな距離にしないといけない。そうしたメンバー間の〝距離感〟は彼らにとって本当に意味があるのです。それだけ彼ら6人の〝想い〟が込められた大切な楽曲なのですから」（同前）

結成以来、共に歩み、共に築き上げてきたV6の〝今〟。
そして今、6人が開こうとしているのは〝可能性の扉〟。
その先の未来には、まだ誰も知らない6人がいる――。

坂本昌行

『若い頃は「30才までにこれをして、40才になったらあれをして」
……みたいに薄ボンヤリと将来のことを考えていたけど、
その設計図になかったことが2つだけあるんですよ。
一つは「50才を越えても結婚していないこと」。
もう一つは「V6が解散してしまうこと」――』

V6の解散が決定した後も多くは触れないリーダーの坂本昌行だが、
このセリフに彼の想いがすべて詰まっているのではないか。

坂本昌行

『たとえ相手が自分よりも10才、20才若い後輩でも、
客観的に見て自分のほうが間違った意見や行動をしたときは、
ソッコーで自分から謝らなきゃいけない。
それぐらいの柔らかい脳みそは持ってるつもりだし、
それに陰で最近流行りの〝老害〟扱いされるほうがたまんないよ（苦笑）』

さすがにまだまだ老害呼ばわりされる年令ではないが、しかし坂本昌行がジャニーズ事務所以外の後輩からも慕われる理由は、その老害からはほど遠い存在だからだろう。

長野博

『今は本当に東山(紀之)さんしか〝先輩〟がいなくて、
正直なところ少し寂しいのが本音。
僕も坂本くんも、いつかはジャニーズ事務所から巣立つときが来るだろうけど、
でもそのとき、絶対に「跡を濁さないようにしようね」——とは、
実はお互いに話し合っているんですよ』

ジャニーズJr.に22才までの〝定年制〟が設けられるようになると、
次は50才以上の所属タレントにも定年制が……との噂は根強い。
長野博も坂本昌行も、それを打ち消す存在になって欲しい。

長野博

『一つだけ心掛けているのは、
バラエティ番組でＭＣから求められない限りは、
メンバーや他人の悪口を言わないようにすること。
たとえば毒舌は悪口とはまったく別物で、
それを使いこなせないと自分自身の価値が下がるような気がする』

長野博が悪口や毒舌を吐いているシーンをほとんど見たことがないが、
しかしどんなときでもトークの〝イロハ〟として心掛けているのが、
この信条。

井ノ原快彦

『坂本くんのように得意な歌を仕事に活かしたい。
長野くんのように趣味の車やグルメを仕事に結びつけたい。
剛のように普段は寡黙でも〝やるときはやる〟集中力が欲しい。
健のようにいつまでも自由で、空を飛ぶように生きてみたい。
岡田のように最優秀主演男優賞を獲れる役者になってみたい。
――V6の一員でいられて本当に良かった』

井ノ原快彦以外の5人は、「イノッチみたいに……」で何と答えてくれるだろう。メンバー全員がそれぞれ互いに認め合い、リスペクトし合う関係だからこそ、V6は誰一人欠けることなく、ここまで歩み続けてこられたのだ。

井ノ原快彦

『この26年、V6で学んだ一番のことは、
どんなに難しい仕事でも絶対に自分からは音を上げないこと。
そして「次があるから大丈夫」と諦めること。
……うん、〝次〟なんてないよ(笑)』

SMAPと嵐に挟まれ、不遇の時代を過ごしたこともあるV6。しかしそこで目の前の仕事を放り出さず、一つ一つ真摯に向き合ったからこそ、〝次〟があったのだ。

森田剛

『ファンのみんなには感謝しかないし、
ちゃんと夢を見させてあげられたかどうかの自信はないけど、
これからは俺の〝現実〟を楽しんでもらえたらと思う。
〝ジャニーズ事務所を出る〟というのは、つまりそういうことだから』

アイドルはファンに〝夢を売る商売〟だ。破天荒で正統派ジャニーズアイドルからはほど遠い森田剛は、ファンにちゃんと夢を見させてあげられたかどうかを考える。同時に退所後の〝現実〟も、ファンには曝け出すつもりなのだ。それが森田剛という男の生き様だ。

森田剛

『〝シンプル イズ ベスト〟っていうけどさ、確かにその通りなんだよな。
俺たちV6も、シンプルに、
「6人が集まったときは楽しもうぜ」――っていう気持ちだけでここまで来たけど、
間違いなくそれがベストだったもん』

誰あろう自分のジャニーズ事務所からの退所が招いた、V6の解散。
森田剛は解散について〝言い訳めいた〟コメントを出さなかったが、
しかし最後に言いたいのは、メンバーに対する『シンプルに感謝している。楽しかった』――の気持ち。

三宅健

『俺は最後の最後まで、ファンの誰かのヒーローであり続けたかったんだよ。今、Jr.の美 少年が戦隊ヒーロー物をやってるけど、あれにはマジで俺も出して欲しかったな（笑）』

「アイドルはファンの心の中で〝恋人〟であり〝憧れの先輩〟であり、そして〝自分だけのヒーロー〟じゃないといけない」——と語る三宅健。美 少年のドラマ（テレビ朝日系7月ドラマ『ザ・ハイスクールヒーローズ』）に本気で出たいかどうかはさておき、「最後の最後まで、ファンの誰かのヒーローであり続けたい」——確かにそれが〝アイドルの本質〟かもしれない。

三宅健

『こう見えても俺にだってストレスや悩みはある。
でもそれをいちいち気にしないで、限界が来るまで自分の中に溜め込んでるだけ。
だって溜めるだけ溜めて爆発させたほうが、
逆に発想の転換やポジティブなパワーに繋がるもんじゃやない？
これまでにも俺、そうやって新しいアイデアが浮かんだりしてるからさ』

ネガティブなストレスや悩みを、三宅健は自分なりの方法で発想を転換させる〝きっかけ〟にしている。このやり方が出来れば、様々な不安さえもウェルカムになる。

岡田准一

『剛くんも健くんも、俺にとってはずっと目標であり最も身近なライバル。
2人が俺のことをどう思ってるか知らんけど、
あの2人がいてくれたからこそ、
俺は俺のやりたいこと、進む道を全力で走ることが出来た。
そしてトニセンは、そんな俺たちを何も言わんと見守ってくれた。
誰か一人でも別の人と入れ替わっていたら、今のV6はなかったね』

最年少かつ最少キャリアの自分がV6でいられたのは、この5人と自分の組み合わせだったからこそ。大野智とは同学年でも、仮に大野や他の誰かとグループを組んでいても長くは続かなかっただろう——と、岡田准一は振り返る。

岡田准一

『大谷（翔平）選手のようにホームラン1本で試合を決めるのが理想やけど、
俺らはいつもメンバー6人の力を合わせて試合を決めてきた。
そして毎試合、ヒーローインタビューに呼ばれるメンバーも替わっていた。
だから続いたんちゃう？
——26年も』

先輩のSMAP、TOKIOよりも長く、オリジナルメンバーで駆け抜けてきたV6。その理由は岡田准一のこのセリフが象徴している。

グループLINE〝V(6)〟

「あの黒柳徹子さんが〝奇跡のオジさん〟と紹介し、その若々しさに驚いていたぐらいですからね。視聴者の皆さんが驚かれるのも当然でしょう」

8月25日にテレビ朝日系『徹子の部屋』に出演した三宅健。

収録当日、スタジオの片隅で見守っていたというテレビ朝日制作部のスタッフ氏は、

「オンエアではカットせざるを得ないほど、キワドイ話も披露されていたのです。別に三宅くんやジャニーズ事務所サイドから〝NG〟が出されたわけではなく、番組側が気を遣ってカットしました。考えたらめちゃめちゃもったいない話ですよね」

――と明かす。

「聞いた中では、三宅くんが趣味で育てている6鉢のサボテンにメンバーの名前を付け、『坂本、長野、井ノ原、森田、三宅、岡田』――と呼んで話しかけているというエピソードの下りがお気に入りです。しかも6鉢を同時に世話するのではなく、種類の特性に沿って水を差したり、太陽光に当てるタイミングを変えていると聞いて、まさに三宅くんのメンバーに対する愛情そのものだと感じました」(テレビ朝日制作部スタッフ氏)

黒柳徹子とのトークの中で――

『初めて剛と会ったときは、僕よりも背が小っちゃくて本当に可愛らしい感じでした。
「何年生?」って尋ねると「3年生」と返ってきたので小3かと思ったら、
1コ上の中3だったんです』

――と、懐かしい思い出を語る姿には、森田剛とのおよそ28年間に及ぶ数々のエピソードが、三宅の頭の中で走馬灯のように駆け巡っているかのようだった。

黒柳徹子が――

『メンバーが誰も欠けずに26年間。本当に凄い』

――と感心すると、三宅は、

『家族よりも時間を共にしている感覚があるので、不思議な関係性というか。

〝いて当たり前の存在〟という感じですね。

黙って一緒にいても気にならないし、会話がなくても一緒の時間を過ごせる』

――と、6人以外には理解出来ないし、理解されたくもない特別な〝絆〟の存在を強調していた。

ＳＮＳ上には「三宅くんのグループ愛がスゴい」「いて当たり前の存在なんて言われると、もう涙が止まらない」「本音を引き出す徹子さんのトークに感謝」「このグループを推してきて大正解だった」「最後まで幸せな気分にしてくれる。こういう人間性が好き」など、三宅を絶賛するコメントが溢れた。

「三宅くんは1年ほど前、自分が先導して『**グループLINEを設定した**』――と話していたことがあります。今も彼らのLINEアプリには、〝V〟という名前のグループLINEが存在している。当初はコロナ禍での業務連絡や簡単な打ち合わせに使われていたグループLINEですが、今や各メンバーの誕生日に〝おめでとう〟のメッセージを贈り合うツールにもなっていて、坂本昌行くんによると『**健は午前0時ピッタリにメッセージをくれる。みんなにメッセージが投稿された連絡がいくので、うっかり誕生日を忘れることがないので助かります**』――なんて話してましたね」（同制作部スタッフ氏）

それにしてもここまで強い絆を持つV6が、なぜ解散しなければならないのか？

同じ感想を持ったのが黒柳徹子だった。

黒柳がストレートに――

『**解散は撤回出来ないの？**
また再結成はしないの？』

――と尋ねると、優しい微笑みをたたえながら答える三宅健。

以下は残念ながらカットされた三宅のセリフだ。

『皆さんをお騒がせして、ファンの子たちを悲しませてしまったから、

「やっぱり解散や〜めた！」とは言えない部分ではあります。

僕自身は今まで通り、グループの活動とソロの活動を分けて、
年に1回ぐらい同窓会気分で集まって仕事をしたいし、解散したくないのも本音です。

でもジャニーズ事務所に30年近くいて、ジャニーズだから出来たことがたくさんあるのと同時に、

〝ジャニーズだから出来ないこと〟があるのも知った。

剛が最初に「グループを抜けたい」じゃなく「ジャニーズを辞めたい」と言ったとき、

「そうか、彼はV6でいたくないんじゃなく、

〝ジャニーズだから出来ないこと〟に挑戦したいんだな」――と思ったんです。

ずっと何十回も話し合って、それでも変わらなかった剛の気持ちを、

「俺たちが尊重しなくてどうすんの？」――が最終的な結論でした』〈三宅健〉

話すうち、次第に俯き加減になっていったという三宅健。

それでも数年後、〝5人プラス1人〟のV6が集まる同窓会を見てみたい。

すべてのファンは同じ気持ちでいるに違いない。

1年ほど前、三宅が先導して設定したV6メンバーによる〝グループLINE〟。
グループLINEはグループ名と同時に参加人数も表示されるので、そこにはこう表示されている。

『V(6)』

それはこれから先もずっと。
たとえV6が解散しても変わることなく。
彼らが〝V6〟であったことの証のように。
6人の固く結ばれた永遠の絆のように。
こう表示され続けるのだ。

『V(6)』――と。

三宅健の〝若さ〟の秘密

この8月25日、テレビ朝日系のトーク番組『徹子の部屋』に出演した〝三宅健〟の名前が、平日昼間の番組出演にも関わらず、オンエアの真っ最中からTwitterなどのSNSでトレンド入りを果たし、ちょっとした話題になったことを覚えていらっしゃるだろうか。

「もちろんその要因は、三宅くんが黒柳徹子さん相手に語ったV6への想いやメンバー愛、現在の心境をストレートに語った興味深いトークのおかげです。しかし同時に42才の三宅くんが発する若々しく溌剌としたオーラ、お世辞抜きに〝20代後半にしか見えない〟驚異のルックスが、V6ファン以外の一般視聴者に刺さったことも理由の一つになりました」（人気放送作家氏）

かつて三宅が十代後半から二十代前半の頃、数多くのバラエティ番組、歌番組で活躍する姿を見ていたお茶の間の視聴者たちが、当時とほとんど変わらない三宅のルックスに衝撃を受けたのだ。

「常日頃から彼の姿を見慣れているファンはそんな違和感を感じないでしょうが、平日昼間のトーク番組だからこそ、たまたま見ていた一定数の視聴者層が〝三宅くんって何で昔と同じままなの!?〟と驚き、話題が話題を生んだ形です。その大半は30代半ばから40代のようですが」（同人気放送作家氏）

多少太くなったとはいえ男性としてはかなり甲高い声も、年令を感じさせない理由に挙げられる。

「他のメンバー、たとえば森田剛くんは誰よりも早く口ひげを生やし、頻繁にヘアスタイルを変えるなどして、不良っぽさを残しながら年相応に老けていっています。岡田准一くんは格闘技のトレーニングを経た肉体改造で、華奢な体をひと回り大きくしました。しかし三宅くんは年令に逆行するかのように、二十代からピタッと老いが止まったように見えます」（同前）

シミ一つない肌はいうまでもなくツルツルで、顔にはほうれい線やシワが刻まれた様子もない。

男性用のアンチエイジングに励んでいる噂も聞かないとなると、まさか「悪魔と取り引きをして〝永遠の美〟を手に入れた」などと言われても納得せざるを得ないほど。

『いやいや、永遠の美をもらえるなら、誰だって悪魔と取り引きするでしょ(苦笑)。

……まあ冗談はさておき、これはまず三宅家の家系に感謝するしかないね、遺伝面では。

一応、芸能人〝らしい〟化粧水を使ったり軽いデトックスをしたりはしてるけど、
本格的な美容に取り組んだりは、これからもしないかな。

正直、俺には外見を磨く時間よりも内面を磨く時間のほうが大切だから』〈三宅健〉

V6のコンサートツアーや個人での舞台出演の前には――


『少しトレーニングの時間を増やす。

水泳は相変わらず高校生の時からやってるし』

――と語る三宅。

だがそれは、あくまでも2時間以上に及ぶライブや舞台を乗り切る体力をつけるためだ。

『ちょっと前にSnow Manの子（※渡辺翔太）がテレビで――
「俺がジャニーズの美容番長だ！」――みたいなことを言ってたけど、
そうやって外見にこだわりすぎても、年令的な〝老け〟は基本的には止まられない。
でも俺は自分で言うのも何だけど〝好奇心〟の塊で、
常にその好奇心を満たす新しい興味を探して生きている。
そういう〝欲〟が自分を活性化してくれて、いつまでも若々しく見えるんじゃないかな。
つまり〝知的好奇心〟を刺激することで、内面の若さをキープしているってわけ』

そんな三宅だからこそ、周囲に集まる友人たちも好奇心に満ち溢れたタイプが多いという。

『昔の人は「類は友を呼ぶ」ってめちゃめちゃその通りの諺を、よくぞ残してくれたもんだなと。
特に手話を通して知り合ったメンバーは、一般人のクセに芸能人の何倍もアクティブ（笑）。
たとえば世の中のほとんどの人は〝手話〟の存在を知っていても、
実際に自ら学ぼうとする好奇心旺盛な人は、俺自身の体感で10％もいない。
そして手話をちゃんと〝使える〟レベルまで会得しようとする行動力のある人は、
そのまた10％もいない。
好奇心と行動力がハンパない人しか、そこまでは来られないんだよね。
そういう〝選ばれた人〟は体の中がめちゃめちゃ活性化して、
いつまでも若く見られるんじゃないかな』

自らを『好奇心の塊』と言う三宅健の若々しさを目の当たりにすると、確かにその通りかもしれない。

V6解散の後も、その好奇心を刺激し続けて、三宅健にはいつまでも若々しくいて欲しい――。

岡田准一に芽生えた〝人生に向き合う覚悟〟

今年はV6のグループ結成とCDデビュー26周年——すなわちそれは、イコール岡田准一の〝上京生活26周年〟でもある。

ご存じの通り岡田は1995年、日本テレビ系『天才・たけしの元気が出るテレビ‼』コーナー企画〝ジャニーズ予備校〟に合格し、ジャニーズJr.として入所した。

出身地の大阪府枚方市は、市の中心を大阪市内と京都市内を縦断する京阪電鉄が走っていて、京都府と府境を接する大阪北部の主要都市だ。

しかし岡田の実家からの最寄り駅でもある京阪・御殿山駅は、1日の平均乗降客数が1万4千人ほどの小さな駅。特急や急行も通過してしまうので、通勤通学に便利な地域とは言い難い。

「すぐそばが淀川の河川敷、近隣には特に人を集めるような施設もありません。枚方市内は御殿山の大阪寄りにある京阪・枚方市駅、京都寄りにある京阪・樟葉駅の2駅を中心に開けているので、狭間の御殿山駅と牧野駅はどうしても見過ごされがち。ちなみに御殿山出身のスターが岡田くんなら、牧野出身のスターはB21スペシャルの〝ミスターちん〟です」（関西テレビ関係者）

そんな大阪府枚方市から中学3年生で上京してきた岡田准一は、ジャニーズ事務所の合宿所に入居。ちょうどその頃は関西弁を話す奈良県出身の堂本剛、兵庫県出身の堂本光一も合宿所生活を送っていたので、仕事が終わると〝関西弁〟を自由に使えることが『助かった』そうだ。

『これは関西の方にしか、なかなかわかってもらえへんのやけど、
周りに遠慮なく関西弁で喋れる仲間がいるといないじゃ大違いなんですよ。
確かに大阪と奈良、兵庫の関西弁は微妙に違うし、そもそも大阪も北部と南部で違ったりする。
それでも関西弁であることに違いはないから、
ＫｉｎＫｉ Ｋｉｄｓの2人がいてくれたことはホンマにデカかった』〈岡田准一〉

そんな岡田の合宿所時代の意外すぎる秘話が、今年6月13日に放送されたTBS系『日曜日の初耳学』で明かされた。

「岡田くんは中学3年、14才でV6の最年少メンバーとしてデビューしましたが、何とその直後から『**ずっとジャニーズを辞めることを考えていた**』――そうです。当時のデビュー最短記録でJr.を卒業し、のちの嵐・大野智くんや元・Musical Academyの町田慎吾くんなど同期のジャニーズJr.から見れば、〝ふざけんな!〟といったところでしょうか(苦笑)」(同関西テレビ関係者)

上京して合宿所生活を送る岡田は、堀越高校に入学する際、事務所から高校のお金(入学金 学費)を借りたという。

「岡田くんはそれを〝借金〟と考えていたそうです。確かに借りたお金は借金ではありますが、金融機関から借りたわけではありませんし、事務所に借りたのだから仕事で返せばいいだけの話。そんなにシリアスに受け止める必要もないのに、彼は『**借金感覚があったんですよ。だから人よりお金を使うのが怖くて。借りたお金を返せるのかを、若い時からすごく考えていた**』――そうです」(同前)

しかし高校生の時から借金返済について悩みに悩んだことで、遂には『人生に向き合う覚悟に繋がった』と語る。

『今は本当に笑い話みたいなもので、
当時の自分に声をかけるなら「心配せんでもちゃんと返せるから」と言ってやりたいんですけど、
高校生で借金を作ったことで「絶対に返してみせる！」と前向きに仕事に臨むパワーになったし、
どんな仕事も断らずに取り組むことが出来た。
無駄遣いもせず、大人になってからも借金をせずにいろんな物を手に入れられたのは、
高校生のときに〝借金と今後の人生〟について考えに考えたからやと思う』

タレントのウエンツ瑛士や松坂桃李が「いいマンションを借りようと思ったら、賃貸マンションの審査にすべて落ちた」ことが話題になったことがあるが、岡田に関してはその手の悩みとは無縁の人生だったに違いない。

『タレントやから、芸能人やからって、〝それに相応しい〟ものなんてありませんよ。
今は家族がいてセキュリティーの問題からも持ち家に住んでますけど、
借金してまでタワーマンションの高層階に住む意味がわからない』

高校生時代の借金体験が、岡田の堅実な人生設計にも繫がっているのか。

「岡田くんは『借金があるから無駄遣いは出来ない。パンツが古くなったらメンバーの新しそうなパンツを盗んで履いていた』——こともあったそうで、見かねた三宅くんが『俺のパンツを履くぐらいならこれを履いて』——と、新しいパンツをプレゼントしてくれたそうです。ちなみに坂本くんは〝Tバック〟のパンツを履いていて、高校生の岡田くんはさすがに『盗めなかった』——とか（笑）」（同前）

また『初耳学』では——

『グループの〝新参者〟な感じでした。

当たり前ですよね。

でもその時、ジャニーさんだけがずっと味方でいてくれたんですよ。

「他のメンバーをデビューさせるべきだ」と言う人もいたのに、ジャニーさんとジャニーさんに近い数人の方だけが、俺の面倒を見てくださったんです』

——と、胸が熱くなるエピソードも披露してくれた岡田准一。

1995年当時、岡田のV6入りを反対した方々は、まさかそのおよそ20年後の2014年、岡田がジャニーズ事務所初の〝日本アカデミー賞 最優秀主演男優賞〟〝最優秀助演男優賞〟のW受賞を果たし、2016年から3年連続で優秀主演男優賞を受賞する〝実力派俳優〟に成長するなど、思ってもみなかっただろう。

その陰には、岡田准一の並外れた努力と忍耐があったことは言うまでもないだろう――。

〝超ひらパー兄さん〟の地元愛

地元・大阪府枚方市にある遊園地『ひらかたパーク』のCMキャラクター〝超《スーパー》ひらパー兄さん〟を務める岡田准一。

これまでにも数々の〝おもしろCM〟を展開している〝ひらパー〟だが、この夏のCM（7月22日より関西地区で放映）も公開されるやいなやSNSでは、

「めっちゃわかるこの現象」

「朝からふいたw」

「最後の顔どういう感情？」

——と話題になり、岡田扮する〝超ひらパー兄さん〟の人気のほどがわかる。

「毎回ユニークなストーリーでインパクトのある同パークのCMですが、今回も岡田さん扮する〝超ひらパー兄さん〟がいい味を出してます。なんといっても岡田さん自身が楽しんで演じているのが画面から伝わってくるので、見ているこちらも楽しくなってくる。〝園長〟にも任命されて、ますますやる気を見せる超ひらパー兄さんが〝次は何をしてくれるのか？〟が毎回楽しみで仕方ないですよ。つくづく関西地区限定なのが惜しまれますね」（関西在住の放送作家）

そう絶賛する〝ひらパー〟のCMだが、話題を呼んだ夏のCMはこんな内容だ。

『プールサイドでリゾート気分を満喫できる新ゾーン「有料レストスペース」をアピールすべく、サングラスをかけてビーチチェアでリラックスムードの岡田園長〝超ひらパー兄さん〟が、プールサイドで優雅に海外小説を読んでいる。

「〝ジェームスはキャッシーの方を見た〟……ジェシーって誰やったっけ？

……っていうかジェームスって誰やったっけ!?」

――熟読しているかと思いきや、実はストーリーが全然頭に入っていない様子。

そしてひと言、

「プールサイドの読書はだいたいウソ」――と、ハチャメチャなキメゼリフを放つ』

一度見ただけで強烈な印象が残るユニークなCM。

確かに関西地区限定なのがもったいないぐらい出来だ。

そんなユニークな人気CMを連発する〝超ひらパー兄さん〟について、岡田自身はどう考えているのだろう。


『僕自身、枚方を離れて今年で20年になります。

でも、家族も住んでいるし本当に地元が大好き。

大河ドラマ出演も日本アカデミー賞の舞台も〝枚方の代表〟という気持ちで臨みました』

地元・枚方への想いが溢れるコメントは、まさに岡田准一の〝地元愛〟そのもの。

岡田園長効果もあってか、目標だった「ひらパー入園者年間100万人」も達成。

実は関西地区の方はご存じだろうが、CMでもあったように「100万いかなきゃ用済みだ」と、年間入園者が100万人いかないと、超ひらパー兄さんは〝園長解任の危機〟にあったのだ。

『皆さんのおかげです。

地元の力になれてうれしいですね。

東京でも知り合いの方々から「超ひらパー兄さん見たよ」「面白いことやってるね」――と、
よく声をかけられるんですよ。

少しは〝枚方〟を全国に宣伝できたのではと思っています』

無事に〝園長〟継続となった超ひらパー兄さんの今後の展開は？

『毎年100万人を超えられるような企画をスタッフと一緒に考えていきたいです。
枚方へ多くの人に足を運んでもらうことで、
地域の活性化の一翼を担えるんじゃないかと思っています』

そう言って喜びを胸に、地元への貢献を語る岡田。

岡田にとって少年時代を過ごした枚方は、現在の〝岡田准一〟を生み出した、すべての礎となっているのだ。

『くずはモールで迷子になったり、
ビオルネによく遊びに行ったり、
思い出のある枚方には元気でいて欲しい。
僕も出来ることは何でもやっていきたい』

〝超ひらパー兄さん〟では、V6での活動とは一味違った顔を見せてくれている岡田准一。

残念ながらV6は解散してしまうが、岡田准一の地元・枚方への想いは決して尽きることがない。

〝超ひらパー兄さん〟はこれからもずっと、ひらパー、そして地元・枚方を愛する岡田准一の魅力を発信し続けていくことだろう――。

〝役者・森田剛の可能性〟を信じてくれた人へ──

それは2016年5月27日──。

当時、井ノ原快彦がMCを務めていたNHK総合の情報番組『あさイチ』のワンコーナー〝プレミアムトーク〟に、森田剛がゲストとして生出演したときの〝ハプニング〟だった。

「2016年5月27日といえば、蜷川幸雄さんが肺炎による多臓器不全で亡くなった、わずか15日後です。森田くんは生出演の最中、蜷川幸雄さんのVTRが流れた直後に『実感が湧かないですね』──と涙を流したのです」（人気放送作家氏）

そのとき、番組内の〝プレミアムトーク〟に出演し、MCの井ノ原、そして当時はまだNHKの局アナだった有働由美子アナウンサーと「今、夢中になっていること」をテーマに話していた森田は、それを『舞台』だと明かし、笑顔で軽快なトークを展開していた。

「当然、〝舞台〟といえば蜷川さんの話題にも繋がる。もちろん森田くんにも蜷川さん関連のVTRが流れることは打ち合わせ済みで、番組サイドも亡くなったばかりの蜷川さんについて、森田くんの〝思い出話〟を期待していたのです」（同人気放送作家氏）

そして流れたのが2010年、森田が蜷川幸雄演出の舞台に初出演、初主演を飾った『血は立ったまま眠っている』の記者会見映像だった。

会見映像を見る森田の目からは、自然に涙が溢れ、すぐにハンカチで目を押さえながら――

『（亡くなった）実感が湧かないですね。
まだ稽古場に行ったら、会える気がするし。
次がちょうど蜷川さん演出の舞台が決まっていたんですけど、
きっと見ててくれていると思うので、恥ずかしくないような芝居をしなきゃ』

――と、まるで自分に言い聞かせるように語った。

「さすがに井ノ原くんも有働アナも、まさか森田くんが涙を流すとは思っていなかったようで、同様にしんみりとしていましたね」（同前）

森田はジャニーズJr.時代の『ANOTHER』(1993年)で初舞台を踏んだ経験しかなかったが、その12年後の2005年に劇団☆新感線の『荒神～AraJinn～』に初主演。さらに同劇団の主宰で演出家いのうえひでのりによる『いのうえ歌舞伎☆號「IZO」』(2008年)にも主演し、舞台の面白さに目覚めることになる。

当時、ジャニーズの若手では一足早く生田斗真が同じく劇団☆新感線の『スサノオ～神の剣の物語～』(2002年)に出演、2004年に風間俊介が岸谷五朗と寺脇康文の演劇ユニット〝地球ゴージャス〟に出演し、次第に〝ジャニーズ外〟での舞台に挑戦するトレンドが出来上がりつつあった頃だ。

「そんな中で森田くんが特別なのは『荒神～AraJinn～』以降、ずっと主演を通していること。すでにテレビではNHK大河ドラマ、ゴールデンの連ドラに何本も出演した経験があり、中でも2002年の『ランチの女王』ではインパクトがある暴走族の元総長を演じて話題になりましたが、舞台それも公演チケットが瞬殺される超人気劇団の作品に、いきなり主演で起用されたのです。今の森田くんの姿を見れば、いのうえひでのりさんの慧眼には、きっと蜷川さんも関心していたと思います」(同前)

そして森田は先の『血は立ったまま眠っている』に出演した翌年、宮本亜門演出『金閣寺』（2011～2012年）に主演。

そして蜷川作品2作目の『祈りと怪物 ～ウィルヴィルの三姉妹』（2013年）に主演すると、蜷川と並ぶ〝舞台の恩人〟いのうえひでのり演出『鉈切り丸』（2013年）、鈴木裕美（自転車キンクリート）演出『夜中に犬に起こった奇妙な事件』（2014年）、行定勲演出『ブエノスアイレス午前零時』（2014年）と、錚々たる演出家の作品に主演。

そして本人曰く――

『三度目の正直。
自信を持って正々堂々と臨みたい』

――と語っていた蜷川作品3作目の『ビニールの城』（2016年8月）の稽古に向かう直前に別れがやって来てしまう。

『今でも本当、あの作品で蜷川さんとガチンコで戦いたかった気持ちしかありません。
蜷川さんに「剛、それがお前の限界か！」と怒られたい。
蜷川さんに「剛、お前なかなかやるな」と褒められたい。
二度と叶わぬ夢だからこそ、余計にそう感じてしまうんでしょうね。
蜷川さんと、そしてジャニーさんと、
〝役者・森田剛の可能性〟を信じてくれた方のためにも、
俺は「これから何をするか」の答えで期待に応えていきたい』〈森田剛〉

2人に生の舞台を見てもらうことは叶わなくとも、2人に恥ずかしくないような役者になることは、絶対に叶えなければならないのだ——。

決して語ることのない〝最大の恩人〟への想い

ジャニーズ事務所のアイドルがバラエティ番組に出演すると、いまだにジャニー喜多川氏とのエピソードで〝笑いを取る〟メンバーが多いことは、テレビをご覧になれば一目瞭然のことと思う。

「特にA.B.C-Zの河合郁人くんがプチブレイクして以降、彼がジャニーさんや滝沢くんのエピソードを面白おかしく話し、それを後輩グループのメンバーが見習っている感じですね。もちろん河合くんよりも先輩の東山紀之さん、TOKIO、KinKi Kids、V6、嵐のメンバーも年季の入った〝ジャニーさんトーク〟で笑わせてくれてますけど」（フジテレビ関係者）

本来ならば単なる〝身内ウケ〟〝楽屋オチ〟のトークで、そこに頼って笑いを取る者は〝喋り手としては成功しない〟のがテレビ界の通例。しかし芸能プロダクションのトップとして誰よりも有名で、かつ誰よりも謎に包まれたジャニー喜多川氏に関するエピソードだからこそ、これまでは成立してきたのだ。

「とはいえ、ジャニーさんが2019年7月に亡くなり、所属タレントたちもそろそろ〝ネタ〟が尽きてくる頃です」（同フジテレビ関係者）

そんな〝ジャニーさんネタ〟を、ジャニー喜多川氏の存命中から徹底的に拒んできたのが森田剛だ。
「V6のメンバー、特にトニセンはKinKi Kidsの2人と共にジャニーさんネタの伝道師的な存在でもあるので、余計に〝話さない〟森田くんが目立ってしまいますよね」(同前)
一般の視聴者はジャニーさんネタを話すメンバーほど「ジャニーさんに近い」と思いがちだが、実際にはジャニーズのエンターテインメントを引き継いだKinKi Kids、そして正統後継者の滝沢秀明、そしてファンの皆さんが言う〝スペオキ〟をはじめ、どのタレントもジャニー氏とのエピソードを両手の指に余るほど持っている。
「そのKinKi Kidsと同世代の森田くんですが、ジャニーさんはシャイな彼の性格を尊重し、アイドルらしからぬ言動に走っても**『剛は自由にやればいい。自由じゃなきゃ剛じゃない』**——と、最後まで放任主義を貫いてくれた。それこそが〝彼の魅力を100%引き出す方法〟であると、ジャニーさんにはわかっていた。森田くんが退所を決意した理由はいろいろと囁かれましたが、最大で唯一の理解者・ジャニーさんのいないジャニーズ事務所には、もう彼が所属する意味を見出だせない——それこそが一番の理由です」(同前)
森田とジャニーさんの関係については、三宅健の〝持ちネタ〟であるV6の結成エピソードが最もわかりやすい。

「ジャニーズJr.で〝剛健コンビ〟として絶大な人気を誇っていた森田くんと三宅くんでしたが、当初のデビューグループ候補者の中に、森田くんの名前は入っていませんでした。それをジャニーさんから聞かされた三宅くんは、『**剛がいないならやらない。剛がいないと売れない**』――と反発。ジャニーさんはジャニーさんで『**剛がいたらYOUが1番になれないじゃない。YOUを1番にするグループを作ろうとしているのに**』――と説得したものの、三宅くんに押し切られてしまった」（同前）

V6ファンの皆さんならば99．9％の方がご存知であろうこのエピソードは、裏を返せばジャニー喜多川氏が森田剛のことを〝Jr.でNo．1〟と評価していた証。

当時の森田について、ジャニー喜多川氏はこんなセリフを残している――。

『剛がJr.で一番踊れてるのは、誰よりも踊って基本を身につけているから。
いつまでも基礎レッスンなんて受けたくないのに、
剛は黙々と基礎レッスンに一番時間をかけている。
そういう努力する姿を、今いる後輩たちにまだまだ見せてやりたい。
剛ならいつでも〝剛のためのグループ〟でデビュー出来るから』

その〝見せてやりたい〟後輩たちは、のちに滝沢秀明を筆頭に〝ジャニーズJr.黄金期〟を作るメンバーたちだった。

「結果的にはV6のデビューから剛健コンビが引っ張り、トニセン、カミセンと分かれて活動することでジャニーズに新たな〝スタイル〟を確立してくれました。しかしその当時、ジャニーさんの想いがどこまで森田くんに届いていたのかは、正直に言って謎です。本人も語りませんから」（同前）

そこでふと思い出したのが、ジャニー喜多川氏を送る〝家族葬〟でのシーンだった。

最後に出席者全員が収まった記念写真で、森田剛はV6のみならず、三宅健や岡田准一とカミセンとしても横に並ばず、後輩である嵐の相葉雅紀、二宮和也の間からひょっこりと顔を出していた――あのシーンである。

「V6のデビュー当時、バックで踊っていたJr.の相葉くんと二宮くん。結成からのファンの皆さんには、特別な郷愁があったのではないでしょうか。V6のバックから、4年後にはバレーボールW杯をきっかけにデビューした嵐。つまりジャニーさんが理想としていた〝剛の背中をJr.に見せて学ばせたい〟想いが、形は違えど結実したメンバーたちです。ひょっとして森田くんは、天国のジャニーさんに『**ちゃんと立派な後輩が育ったよ**』――と見せつけたかったのでは？　そんな気がしてなりません」（同前）

森田剛が決して語ることのない、〝最大の恩人〟亡きジャニー喜多川氏への想い。
森田剛が退所しても、相葉雅紀や二宮和也を通し、ジャニーズの魂は継承されていく。
それだけは間違いのない未来なのだ――。

坂本昌行

『俺がミュージカルや舞台を好きなのは、
二度とまったく同じ芝居はできない、
つまり〝一生に一度の芝居〟を目の前のお客さんに見てもらえるから』

坂本昌行がドラマや映画の俳優ではなく舞台俳優を生涯の仕事に選んだ、最も納得する理由がこれだ。

坂本昌行

『生きてる喜びや意味なんて、それこそ生きてるうちに見つければいいだけの話。

「現実逃避せずに、まずは目の前の課題に向き合おうぜ！」

……って、昨日の俺に言ってやりたい（笑）』

誰もが現実逃避したくなるときがある。結果、後で後悔するのは自分自身なのだが、「やっぱり人間は弱い生き物だからな～」と、坂本昌行は昨日の（現実逃避をした）自分に向けて呟く。

坂本昌行

『自分が正直に、誠実に人に接し続けていれば、
悪い人、害をもたらす人はいたたまれなくなって、向こうからいなくなるよ。
自分が正直に、誠実にいることこそが、自分を守る最強の力になってくれる』

とかく芸能人、それもV6のリーダーともなると、怪しい人物が近づいてくることが多い。しかし坂本昌行は「自分の行い一つで環境が変わる」持論の持ち主。

坂本昌行

『雨に濡れるのを覚悟しないで〝虹が見たい!〟っていうのは、
単なるワガママじゃね?
本当に見たいなら、それに相応しい努力や覚悟が必要なんだよ』

何かを叶えたいとき、口だけじゃなく行動力が伴わないと意味がない。
坂本昌行はそれを〝雨上がりの虹〟にたとえる。

長野博

『どうなんだろう？
これまでさんざんと恥ずかしい思いはしてきたけど、
やっぱり若い頃に〝ホットパンツ〟みたいな衣裳が用意されていたときは、
さすがに「小学低学年か！」と思って恥ずかしかったね（笑）。
まあでも、長瀬（智也）はその格好でデビューしたし、
嵐は上半身裸のビニールみたいな衣裳だったし。
とにかくあのホットパンツ、股上がめちゃめちゃ深いのよ』

ジャニーズ事務所のアイドルあるあるで、誰もが一度は悩む〝恥ずかしい衣裳問題〟。V6はそれほど奇妙な衣裳ではなかった気がしていたが、長野博によればやはり、『あることはある。だから〝あるある〟』――だったようだ。

長野博

『勝負ごとでほとんど勝ち続けている人、
たとえば最低でも8割以上は勝つ人っていうのは、
その才能を努力で伸ばした人もいるけど、
だいたいは死ぬほど執着心が強い人なんだよね。
芸能界にいたら、それを嫌というほど感じる』

だからこそ長野博は、みんなに「本当に勝ちたいなら、絶対に諦めない執着心を持たなきゃダメ」――と伝えたいのだと話す。翻って自分は「そんなに強くないかな～」とも(笑)。

長野博

『〝一度でも〟とまでは言わないけど、
苦しみや困難から逃げる〝癖〟をつけないようにしないとね。
この癖が結構厄介でさ、めちゃめちゃ楽で、甘い水を出してくれんのよ(笑)。
でもそれを味わっちゃうと、自分をもっと甘やかすだけだからね』

苦しみから逃げるのは簡単だし楽。でも逃げれば逃げるだけ、苦しくなるのも自分。長野博の柔和な表情が強張ったのは、かつて「逃げ出したことがある」自分を思い出してのことか。

長野博

『〝良い仕事をしたい！〟と力むよりも、悪い仕事をしないように心掛ける。地味だけどそれが、自分のスタイルに合ってるんですよ』

いくつかある長野博の仕事に対するポリシーの一つ。派手に目立たずとも、着実に結果を出す仕事ぶりこそが、彼の真骨頂。

井ノ原快彦

『自分は〝地味で能力も足りない〟と思って声がかかるのを待っている側のJr.は、
俺に言わせるとハッキリ言ってJr.以外の新たな道を探したほうがいい。
ジャニーズJr.も年令制限が出来るんだし、より過当競争になることを覚悟しないと。
それに俺みたいなタイプを拾い上げてくれたジャニー喜多川は、
もうこの世にいないんだからね』

大変失礼ながら、井ノ原快彦がジャニーズJr.時代から目をかけられていたことは、いまだに〝Jr.の七不思議〟に数えられるという（苦笑）。

そんな井ノ原が後輩Jr.たちに贈る厳しくも、実は優しいアドバイス。

井ノ原快彦

『夢を叶えられた人間は、
なりたい人になれた喜びを忘れちゃいけない。
その気持ちを大切に出来ない人は、
気がついたときには違う道を歩いているかもしれないから。
僕はその気持ちを〝初心〟と呼んでます』

単に「初心忘るべからず」とは言わず、井ノ原快彦は「夢を叶えた人間には夢を叶えてからも、夢を全うする責任がある。そのための初心」——と言いたいのだろう。

井ノ原快彦

『よくさ、若い頃に「無心になって集中しろ!」とか言われたけど、
そもそも無心になんかなれなくない?
「無心になれ、雑念を捨てろ」っていうこと自体、無心の邪魔してるんだから。
俺ならこう言うね。
「よそ見しないで目の前だけ見てろよ」——って』

そもそも無心になんてなれないし、もし無心になれたとしたら、それは目の前のことに集中して、他のことを考えていないだけの話という井ノ原快彦。「言葉に振り回されて、やった気になってはいけない」

——と教える。

井ノ原快彦

『俺らの仕事は〝白か黒か〟で答えを出せないからこそ、白と黒の間の色を出していかなきゃいけないんだよね。モノトーンだけじゃなく、たまにはカラフルにね（笑）』

芸能界には白と黒で振り分けられる正解はない。白と黒の間の〝振り幅〟こそが大切だという、井ノ原快彦の仕事論。

森田剛

『そこそこ誤解されてる気もするんだけど、
俺は1人で見るより6人で見る夢のほうが、
スケールでかくて超お気に入りだぜ!』

言葉にしない分、一方的な誤解を招くことも多い森田剛。アツいものを思いっきり秘めているだけなのに、時にV6に冷めているとの中傷を受けたことも。

森田剛

『他人を憎んだり恨んだりするのは、
時間の無駄というより〝感情の無駄遣い〟って気がする。
そんなヤツのこと考える隙、俺の心の中に作りたくない』

時に「世間に対して無関心すぎる」と言われる森田剛だが、実はそこには確固たる信念が存在していたのだ。

森田剛

『舞台の仕事って、お客さんの前に立つ初日の時点で9割は終わってるんだよね。
残りの1割は無事に千秋楽まで上演すること。
つまり稽古がどれほど大切か、その哲学はこれからも継承したい。
たとえ〝古いタイプの役者〟と言われても』

森田剛を一流の舞台役者に引き上げてくれた、故・蜷川幸雄氏の哲学。
いつまでもそれは、森田の心の中に刻み込まれている。

森田剛

『言い訳が得意な男はダセエから、これまで言い訳をしてこなかっただけのことだよ。そりゃあ俺にだって、言いたいことの一つや二つはあるでしょ(苦笑)』

自ら「いっつもみんなに心配かけちゃうんだよな〜」と言う森田剛だが、ファンに心配をかけている自覚はあっても、自らの言動を直す気はないらしい。だがそれでこそ、ゴー・モリタ!

三宅健

『俺は今42才だけど、情報に関する〝アンテナ感度〟は、
20代並みにバリバリ張りまくっていると断言するね。
それは俺の中では〝好奇心の感度〟でもあるから、
もし衰えてきたら、俺はみんなの知ってる〝三宅健〟じゃなくなる。
単なる〝42才のオッサン〟になっちゃう（苦笑）』

止まることを知らない三宅健の好奇心。本人いわく「20代並みにバリバリに張りまくっている」その好奇心が三宅の若さの秘訣。

三宅健

『「健くんってプライベートの友だちが多いよね〜」ってよく言われるんだけど、
そんなの当たり前じゃん。
だって俺、寝る前に「(明日はどんな出会いが訪れるんだろ?)」――って、
ワクワクしながら寝るんだぜ(笑)』

三宅健の言う〝出会い〟とは、あくまでも趣味の延長線上や仕事の延長線上にある、自分に〝刺激を与えてくれる〟人物との出会い。そうした出会いをワクワク楽しみにしながら毎日を送る、三宅健のポジティブシンキング。

三宅健

『何かスゴく良いことがあったとき、俺はすぐに鏡を探して自分の顔を写す。どんな表情をしているか、すぐにチェックしないと気が済まないから（笑）』

一見、ナルシストの面目躍如のように感じられるかもしれないが、実は自分の表情をコントロールすることが出来ているかどうか、三宅健なりのセルフチェック。

三宅健

『時間は絶対に過ぎ去るんだよ?
何か世の中に残しておかないともったいないじゃん。
ただ生まれて、ただ死んでいくだけなんて、
神様に失礼だよ』

特別な人間だけが何かを残せるのではなく、この世に生まれた全員が「何かを残すために神様に選ばれたんだよ?」――と主張する三宅健。

岡田准一

『変な話、アラフォーになってから昔と同じミスをするようになって、
めっちゃ〝年〟を感じるんですよ（苦笑）。
でも一つだけ昔と違うのは、
そのミスから〝何かを学ぼう〟という意識が芽生えたこと。
若い頃はそれこそ「二度と同じ失敗はせえへんぞ！」しか思わんかったのにね』

人は〝年令〟によって、ミスや失敗をしたときの感じ方、リカバリーの方法が変わるという岡田准一。この11月18日で41才になる彼は、「40（才）越えてからのミスはすべて勉強」――と、明るく語る。

岡田准一

『ある先輩に——
「寂しいときは泣いて、思いっきり寂しがれ。
その寂しさを楽しめるようになったら、役者として一人前だから」
——と言われたことがあるんですけど、
残念ながら今の今まで、寂しさを楽しめてないですね〜。
……というか、意味がわかりません(笑)』

寂しさを楽しむとは、ある意味では〝孤独を愛する〟ことに繋がるのか？

しかし孤独を愛する人間は、そもそも孤独を〝寂しい〟とは感じていないだろう。なんとなくわかるようでわからない、この先輩からのアドバイス。岡田准一が「一生わからんかもしれない」と苦笑いをする、城島茂先輩からのメッセージ。

岡田准一

『無理を通してでも何かを成し遂げたいとき、

「少なくとも自分は無傷でやり過ごそう、やり過ごせるだろう」

……なんて思ったらアカン。

自分もそれ相応の傷を負わないと、通した〝無理の価値〟が薄れるからね』

無理をしなくても成し遂げられるのが、もちろん一番いいに決まっている。

それでも何かを成し遂げるため、無理を通す瞬間が男には必ず来る――。

岡田准一は常に、その〝覚悟〟を胸に抱いているのだ。

岡田准一

『良い芝居をしたからお客さんに入っていただけるのと、
お客さんをどんだけ呼べるかを計算してする芝居は、
似てるようでいてまったく正反対にあるんですよね。
当たり前やけど俺は〝良い芝居をする〟のが第一です』

商業映画の世界で成功を収めながらも、岡田准一は「どこを向いて芝居をするのか」については、譲れないポリシーを持ち続けているのだ。

〝V6・岡田准一〟にとっての最後の出演作

「岡田さんはすでに日本を代表する映画俳優です。日本アカデミー賞をはじめとする映画賞受賞歴などの実績はもちろん、名だたる映画監督も〝使ってみたい〟とする俳優のトップにランクされるのが〝岡田准一〟という役者なのです」（映画プロデューサー）

岡田准一は映画俳優として、これまでに数々の映画に出演してきた。

岡田の出演作品と演じた役柄を挙げてみると以下のようなラインアップとなる――。

・『COSMIC RESCUE』（2003年7月11日公開・澤田東役）
・『ハードラックヒーロー』（2003年9月28日公開・浅井タカシ役）
・『木更津キャッツアイ 日本シリーズ』（2003年11月1日公開・ぶっさん（田渕公平）役）
・『木更津キャッツアイ ワールドシリーズ』（2006年10月28日公開）
・『東京タワー』（2005年1月15日公開・小島透役）
・『フライ，ダディ，フライ』（2005年7月9日公開・朴舜臣役）
・『ホールドアップダウン』（2005年10月28日公開・沢村光一役）
・『花よりもなほ』（2006年6月3日公開・青木宗左衛門役）
・『陰日向に咲く』（2008年1月26日公開・シンヤ役）
・『おと・な・り』（2009年5月16日公開・野島聡役）
・『SP THE MOTION PICTURE「野望篇」』（2010年10月30日公開・井上薫役）
・『SP THE MOTION PICTURE「革命篇」』（2011年3月12日公開）
・『天地明察』（2012年9月15日公開・安井算哲（渋川春海）役）
・『図書館戦争』（2013年4月27日公開・堂上篤役）
・『図書館戦争 THE LAST MISSION』（2015年10月10日公開）

・『永遠の0』（2013年12月21日公開・宮部久蔵役）
・『蜩ノ記』（2014年10月4日公開・檀野庄三郎役）
・『エヴェレスト 神々の山嶺』（2016年3月12日公開・深町誠役）
・『海賊とよばれた男』（2016年12月10日公開・国岡鐡造役）
・『追憶』（2017年5月6日公開・四方篤役）
・『関ヶ原』（2017年8月26日公開・石田三成役）
・『散り椿』（2018年9月28日公開・瓜生新兵衛役）
・『来る』（2018年12月7日公開・野崎役）
・『ザ・ファブル』（2019年6月21日公開・佐藤アキラ（ファブル）役、アラン・フィグラルツと共にファイトコレオグラファーも兼任）
・『ザ・ファブル　殺さない殺し屋』（2021年6月18日公開）
・『燃えよ剣』（2021年10月15日公開・土方歳三役）

――一見するだけで、話題作を多数含んだ錚々たるラインアップだ。

さらに映画賞の受賞実績を挙げれば——

★日本アカデミー賞
・2014年『永遠の0』(最優秀主演男優賞)
・2014年『蜩ノ記』(最優秀助演男優賞)
・2016年『海賊とよばれた男』(優秀主演男優賞)
・2017年『関ヶ原』(優秀主演男優賞)
・2018年『散り椿』(優秀主演男優賞)

★日刊スポーツ映画大賞
・2006年『花よりもなほ』(石原裕次郎新人賞)
・2014年『永遠の0』『蜩ノ記』(主演男優賞)

★報知映画賞
・2014年『永遠の0』(主演男優賞)

こちらも、2014年日本アカデミー賞での『永遠の0』(最優秀主演男優賞)『蜩ノ記』(最優秀助演男優賞)のW受賞をはじめ、輝かしい実績を誇っている。

先の映画プロデューサーのコメントにもあった〝日本を代表する映画俳優〟という評価に異論を唱える者はいないだろう。

そんな岡田准一が主人公・土方歳三を演じているのが、歴史小説界の巨星・司馬遼太郎が新選組の志士たちの知られざる人生と激動の時代/幕末を描いた国民的ベストセラーを映画化した『燃えよ剣』。

江戸時代末期、黒船が来航し、開国か倒幕かに国中が揺れた激動の時代。

武州多摩の〝バラガキ〟だった土方歳三(岡田准一)は、「武士になる」という熱い夢を胸に、近藤勇(鈴木亮平)、沖田総司(山田涼介)ら同志と共に京都へ向かう。剣術道場「試衛館」の同志である、藤堂平助(金田哲)、永倉新八(谷田歩)、斎藤一(松下洸平)、山南敬助(安井順平)、それに水戸藩浪士の芹沢鴨(伊藤英明)も加わり、京都の市中を警備する「新選組」が発足した。厳しい法度で統率された新選組は、〝史上最強の剣客集団〟として、倒幕派勢力の制圧に活躍を見せる。しかし激動の時代の中、剣を手に命を燃やした男たちにドラマチックな運命が怒濤のように押し寄せる──。

「ぜひ注目して欲しいのは、岡田さん演じる土方歳三の〝顔つきの変化〟です。まだ武士になる前、武士に憧れて喧嘩に明け暮れていた田舎の〝バラガキ〟時代の表情とは異なり、新選組副長として見せる土方の表情と佇まいは、まさに武士そのもの。〝鬼の副長〟と呼ばれた土方の圧倒的な貫禄を感じさせる演技です。まさに〝役者・岡田准一〟の真骨頂ですね」（映画評論家）

岡田自身は土方歳三を演じることについて——

『これまでいろんな人物をやらせていただきましたが、土方は歴代で一番かっこいい人物』

——と語り、その言葉からは幕末という激動の時代を生きた土方歳三という人物を演じることにやりがいを感じている様子。

さらに撮影現場ではこんなエピソードもあったとか。

脚本では、岡田演じる土方と山田涼介演じる沖田総司との2人のシーンがあり、そのシーンを見学していた近藤勇役の鈴木亮平が『近藤も加えて欲しい』と監督に直訴したという。

鈴木は当時を振り返って――

『土方と沖田が仲良さそうだったので、「近藤も加わりたい」とお願いしたんです』

――と語り、山田も、

『岡田くんは、〝3人だとどんなシーンがいいのか〟――サウナで考えていまして。
2人で裸のまま、動き方を考えました』

――と舞台裏を明かした。

「2人のシーンを3人のシーンに描き直したことで〝3人の関係性〟がうまく描かれているシーンになりましたね。それにしても何もサウナで考えなくてもいいものを。そのシーンを見ながら、岡田くんと山田くんの2人が〝裸のまま動き方を考えている〟姿を想像するのも、ファンにとってはある意味〝サービスカット〟かもしれませんね（笑）」（同映画評論家）

沖田総司を演じた山田は『減量が大変だった』そうで、役作りで減量経験のある岡田や鈴木に減量方法を相談したという。

『頑張って減量していたので、一番キツい方法を教えてしまいました』〈岡田准一〉

その一番キツい方法とは〝水抜き〟。

「〝水抜き〟とは想像しただけで気が遠くなりそうですよね。さすがストイックに役柄を追求する岡田くんだけあって、後輩にも一切手抜きなしです。でも山田くんは頑張って実践したおかげで、病気で衰弱した沖田総司を見事に演じています」（同前）

それはさぞかし山田もキツかったことだろう。

もっとも岡田自身は――

『僕はもう二度とやりたくない方法ですね』

――だそうだが。

〝V6・岡田准一〟としての最後の出演作となった『燃えよ剣』。

これからはV6を離れ〝一人の役者〟として歩む岡田にとって、また一つ新たな代表作が誕生したようだ。

〝唯一無二〟の役者として

『最近、芸能界に弟子が増えました』〈岡田准一〉

『ザ・ファブル 殺さない殺し屋』（6月18日公開）で主演を務めた岡田准一。

実力派俳優としての高い演技力はもとより、〝アクション俳優〟としても高い評価を得ている。

格闘技に精通している岡田は「カリ」「ジークンドー（截拳道）」「USA修斗」の3種類のインストラクター（師範）資格を有している。

一応ご説明しておくと、「カリ」はフィリピンの国技として認められている格闘技（フィリピン武術）で、素手はもちろん、棒やナイフや紐を使用する実践武術。

「ジークンドー（截拳道）」は、あのアクション映画スター〝ブルース・リー〟が考案した格闘技。

超実践的武術でありながら、戦闘哲学や人生哲学にも通じる武術。

「USA修斗」は、初代タイガーマスクの佐山聡が考案した〝佐山流シューティング〟の流派で、打撃技・関節技・締め技などがある総合格闘技。

岡田はこの3種類の格闘技の師範なのだ。

「当然ながら〝インストラクター（師範）〟の資格はそう簡単に取れるわけではありません。技術力・精神力・肉体のすべてを兼ね備えた「師範」と呼ぶにふさわしい高いレベルの持ち主にしか与えられない資格です」（格闘技ライター）

たとえば岡田は「修斗・クラスCシューター（フルインストラクター）」の資格認定を受けるまでに10年に及ぶ修行に励んだという。

V6としてのグループ活動、岡田准一としての個人活動、その忙しい合間を縫っての資格取得は並大抵の努力で出来るものではない。ひとえに岡田の〝ストイックに役作りを追求する〟役者魂の賜物といえるだろう。

「岡田くんが格闘技を始めたのは、今から14年前、2007年に放映されたテレビドラマ『SP警視庁警備部警護課第4係』に出演したのがきっかけといいます。ドラマ内で激しいアクションシーンがあることを知った岡田くんは、撮影が1年先にもかかわらず、身体作りのためにジムに通い始めたのです」（ドラマ制作スタッフ）

後に映画化された『SP』（野望編・革命編）で、岡田はスタントマンなしで激しい格闘シーンに挑んだ。

まさに役柄に真摯に取り組む岡田准一の〝役者根性〟といえるだろう。

そんな岡田の〝アクション俳優〟としての面目躍如となった作品が『ザ・ファブル』シリーズ。

今年6月に公開された『ザ・ファブル 殺さない殺し屋』は、2019年公開の『ザ・ファブル』に続くシリーズ第2弾。〝伝説の殺し屋〟と呼ばれる主人公・ファブル（岡田准一）が、佐藤明という一般人として新たな生活を送っていこうと奮闘する姿が描かれる。

世間知らずな主人公が繰り広げる、スリル満点のアクションとコメディのバランスが心地良い作品なだけに〝アクション＋演技〟という岡田の役者としての実力が試された作品だ。

さらに岡田は役者としてのみならず、〝ファイトコレオグラファー〟としてアクションの振付も担当しており、アクションシーンの動きを自ら考えて演じている。

「それが出来るのは、岡田くんの身体能力の高さはもちろん、格闘技で鍛えた長年の鍛錬と、インストラクターとしてのアクションへの深い理解があるからに他なりません。そうした才能と経験、そして実力は、これからの〝役者・岡田准一〟にとって最強の武器となるはずです」（映画プロデューサー）

岡田の訓練に裏打ちされた知識と技術は、決して他の役者は持ちえない魅力だ。

芸能界で続々と岡田のアクション門下生が増え続けていることからもそれはわかる。

『ザ・ファブル 殺さない殺し屋』で殺し屋役を演じた安藤政信は――

『今まで、いろんな映画でアクションをやってきたけど、岡田に会ってから、「自分が〝アクションをやっている〟というのはおこがましいんじゃないか」っていうぐらい。ヨイショしているワケじゃなくて、マジでスゴい』

――と明かす。

実際に岡田からアクション指導もされたそうで、そのときのことを安藤は——

『最初は〝何で指導されなきゃ〟という気持ちもあったんですけど、すぐに岡田の動きやアクションの考え方、哲学みたいなのを目の前で見て、すぐに「弟子にしてください！ お願いします。道場、通いたいっす」——と伝えた』

——と振り返る。

撮影現場で岡田は「岡田師範」と呼ばれていたという。

安藤は岡田について——

『当然、岡田の動きは真似できない。

でも、「アクションを自分の体の芝居で伝えるのが大切だ」と岡田に会ってから思ったんです。

だから、「弟子にしてください」と言った。

まだ、行けてはないんだけど……。

気持ちは師匠ですから！』

どうやらアクション俳優としての岡田准一の魅力に憑りつかれて、すっかり心酔している様子。

「〝日本映画では見たことない画〟がテーマ」と掲げ、岡田自らが〝ファイトコレオグラファー〟としてアクションシーンを創り出し、撮影現場を牽引した『ザ・ファブル』シリーズ。

『最近、芸能界に弟子が増えました』

笑顔で語った岡田准一。

まさに他にはいない〝唯一無二の役者〟として、岡田准一はこれからの日本映画界を牽引していくことだろう——。

〝尊先〟中居正広との関係

『SMAPの先輩たちでいえば、
まず木村くんには2018年に〝Smile Up! Project〟のボランティアで、
広島県呉市の炊き出しに誘ってもらったじゃないですか。
自分が率先して動く姿を後輩たちに見せてくれる先輩として、
エンターテインメント以外でも人間として尊敬する部分がめちゃめちゃ多いのが、
木村拓哉という人なんです。
でも俺の原体験というか、中居くんは誰にも変えられない特別な先輩。
それは本当に、これからもずっとそうですよ』〈三宅健〉

三宅健にとって元SMAPのリーダー・中居正広が、そこまで特別な相手だったとは。

「1993年の春休み、ジャニーズ事務所に履歴書を送った三宅くんのもとにジャニーさんから直接電話がかかってきて、例によって『YOU、SMAPのコンサート見にこない？』——と誘われたのです。喜んで会場まで行ってみたら、いきなり中居くんのソロコーナーでステージに上げられてしまったそうです。中居くんのバックに〝佇む少年〟役でJr.デビューを果たした三宅くんは、コンサートが終わると私服のままアイドル誌の取材へ。希に見る〝エリートJr.〟として、今日に繋がる第一歩を踏み出したきっかけが〝中居くんのソロコーナー〟というわけです」（テレビ朝日関係者）

なるほど、〝特別〟というのはそういうことか。

「昨年3月、ジャニーズ事務所を退所して個人事務所を設立した中居くんですが、三宅くんはキッチリと事務所の開設祝いを贈っています。2人ともプライベートのやり取りを了解なしに公表するタイプではないので、ごく一部の関係者しか知らない話ですが、中居くんは『**三宅はそういうのちゃんとしてるんだよ。どこで習ったんだ、アイツ**』——と嬉しそうに話していたとか」

（同テレビ朝日関係者）

一説によるとそれは、事務所に置く観葉植物だったという（……定かではないので断定は出来ないが）。

「三宅くんから中居くんへの贈り物といえば、去年から今年にかけてやり取りしている〝加湿器〟〝除湿器〟シリーズでしょう。まあ贈り物といっても、お勧めの加湿器を紹介しただけですけどね」

話してくれたのは、三宅と親しい売れっ子放送作家氏だ。

「そもそもは中居くんが『**いい加湿器が欲しい。探している**』という話を自分のラジオ番組で話していて、中居くんと親しい〝家電芸人〟の土田晃之さんが『**有楽町でバッタリ会って家電屋につき合った**』とテレビやラジオで公言していたことが三宅くんの耳に入り、今度は三宅くんが自分のラジオ番組で〝これは間違いない！〟という加湿器をパワフルモデル、スチーム式、超音波式の3機種でお勧めしたところ、ネタが転がって盛り上がったのです」（同前）

その後、三宅は〝加湿器アイドル・加湿子（かしこ）〟のペンネームで中居のラジオ番組『中居正広ＯＮ＆ＯＮ ＡＩＲ』（ニッポン放送）にハガキを送り、それが採用されたことでお互いのファンがさらなる盛り上がりを見せたのだ。

『（自分の）ラジオでも言ったけど、人生初の投稿ハガキが読まれてしまいまして……。
まあ、それはそれは心の底から嬉しかったですね。
あちらのスタッフさんも気が利いてるし、それが中居くんの優しさなんですよ。
昔から『うたばん（TBS系）』とかで、
V6や嵐にはワザと冷たく振る舞ったりしてましたけど、それも優しさ。
でもハガキを読まれるって、あんなに嬉しいんだね。
それを中居くんのおかげでわかったし、
皆さんからの1枚1枚のハガキと真剣に向き合い、
これからも大切に読み上げていきたいと誓います』〈三宅健〉

ちなみにハガキを読んだ側の中居は、三宅の――

『Jr.のときから〝尊先（尊敬する先輩）は中居正広〟と、今も変わらずお慕い申しております』

――の一文に、

『アイツは本当に嘘くさい。
ちょっと馬鹿にもしてるよね（笑）』

――と反応。

それでいて番組の中でキッチリとV6のデビュー曲『MUSIC FOR THE PEOPLE』をかけてくれたところに、中居の愛情を感じる。

『別にあそこはデビュー曲じゃなくてもいいんだけど、
でもデビュー曲を選んでくれた理由は、この26年間のつき合いの原点というか、
あの〝SMAPの中居正広先輩〟が聴かせてくれたのは本当に嬉しかった。
いつも素直じゃない中居くんだけど、
何かストレートに〝お前ら頑張れよ〟と励ましてもらった気持ちだったから』

中居正広とは『ジャニーズきってのへそ曲がり同士』だと語る三宅健。
そんな中居と自然にやり取りすることが出来たのは――

『少しは俺も大人になったのかな』

――と笑った。

解散の向こう側にある〝新しい出会い〟

『結構長くこの仕事をやっていて、V6も丸26年じゃないですか、
それでもまだ「初めまして」の仕事があって、
それはスゴくありがたいし嬉しいことだな～と。
だから、いっぱい喋っちゃったよ(笑)』

V6結成記念日の9月4日、福岡県のマリンメッセ福岡からスタートした全国ツアー『LIVE TOUR V6 groove』。

福岡、大阪に次いで3会場目になる愛知県・日本ガイシスポーツプラザガイシホールでのコンサートを終えた2日後の9月20日、V6は同日発売のカルチャー誌『SWITCH』の表紙と巻頭特集に登場した。

「SWITCH誌は1985年に創刊され、世間の流行やトレンドではなく〝個人〟に注目したインタビューがウリで、それまであまり語られていない本音を引き出すことで知られています。特定のカルチャーやジャンルにとらわれることなくクリエイターやアーティストの〝個〟にこだわるので、今回、デビュー26年のV6に白羽の矢が立ったのも、ジャニーズの長寿グループの解散とそれぞれのソロ活動について深堀りすることで〝V6の新たな一面〟をあぶり出してくれています」(出版関係者)

同誌の表紙に起用されることは文字通り〝最初で最後〟のメンバーたち。

さらに6人それぞれの撮り下ろしフォトストーリーとロングインタビューが掲載されている。

『本当にね、何度も言うけど、ありがたいことですよ。
確かに今の俺たちには〝解散〟ってニュースソースがあるけど、
これまでおつき合いがなかったメディアが注目してくれたのは、
その解散の向こう側にある俺たちの〝新しい一面〟を伝えたいと思ってくれたからでしょ?
アイドル誌や芸能週刊誌じゃない、歴史あるカルチャー誌が動いたのも、
俺たち個々に興味を持ってくれたから。
だから俺は嬉しいんですよ』〈三宅健〉

ジャニーズ事務所で結成20年を越えるグループの中では、2人組のKinKi Kidsを除き、唯一オリジナルメンバーのままで解散するV6。

6人はグループとして円熟期を迎えながらも、同時に日本のエンターテインメント界でそれぞれの〝芸〟に磨きをかけてきた。

「カルチャー誌としてはミーハーな扱いを避けつつも、解散を間近に控えたメンバーから〝26年間の終着駅〟に立つ境地を聞き出すことで、改めてV6の魅力を探る意図が感じられます。撮り下ろしのフォトストーリーでそれぞれの表情を個別にとらえ、グループの集合写真では個性の融合が生み出す一体感を表現した。三宅くんはそんなアプローチにも興味を持ったようですね」（同出版関係者）

三宅は仲の良い放送作家にこんなセリフを溢している――。

『これまでずっとお世話になってきたテレビのスタッフさん、ラジオのスタッフさん、雑誌のスタッフさん、皆さんには解散で一区切りつくところで恩返しをしなきゃいけない。
でも俺たちは別に芸能界を辞めるわけじゃないし、
これからもどんどんお世話になるつもり（笑）』

そんなとき、これまでにつき合いがなかったメディアから、V6を「検証したい。掘り下げたい」的なオファーが入ったのだ。

『インタビューの最後で——
「V6として〝一番焼きついている景色〟は何ですか？」
——って聞かれたんだけど、
俺たちを昔から知っているメディアの人は、そういう聞き方をしてこない。
具体的な現場を挙げてから、あのときはどんな気持ちだったのかを聞いてくる。
その一点の違いだけでも、俺はすごく新しい感覚を感じたわけ。
V6が解散してソロ活動を始めたとき、自分から発信するのは、
「どんなメッセージがいいのか？
どんなメッセージを知りたいのかな？」——って。
「発信する力を身につけたいな」——って』

三宅健は新しい出会いによって〝新しいヒント〟を得られたのだ。

『だから芸能界って面白い。
こんだけ長くやっても、まだ新しい出会いに恵まれるんだもん』

好奇心旺盛な三宅健のことだ。

ソロ活動を始めてからも、次から次に〝新しい出会い〟が向こうからやって来るだろう——。

〝V6の森田剛〟から〝森田剛〟へ

「これまでにジャニーズ事務所を退所したアイドルたちは、そのほとんどがテレビやラジオなど大手メディアに関わる仕事から〝干されて〟きました。例外はジャニーズと業務提携を結んだ個人事務所の中居正広くんと、社内ベンチャーのような形で株式会社TOKIOを設立したTOKIO（城島茂 国分太一 松岡昌宏）のみ。あの稲垣吾郎くん、草彅剛くん、香取慎吾くんでさえ、独立後の数年間はネットTV、YouTube、SNSが主な活動の場だったことを考えると、森田くんが退所後に公開される映画に早くも起用されたのは、まさに快挙というしかない。それだけ〝役者〟としての彼は特別な存在なのでしょう」（人気放送作家氏）

有村架純が主演を務める映画『前科者』（2022年1月公開）に森田剛が重要な役でキャスティングされていたことが、V6解散直前の9月半ばに発表された。

原作は月2回発行のコミック誌『ビッグコミックオリジナル』に連載中の同名漫画で、主人公の保護司・阿川佳代が、罪を犯した〝前科者〟たちの更生と社会復帰を目指し、彼らと向き合い奮闘していく姿を描いた作品。有村演じる佳代はコンビニのバイトで生計を立てながら、懸命に保護司の使命を全うする。映画版は先にオンエアされるドラマ版を受け、オリジナルストーリーで製作された。

11月には映画の公開に先がけ、WOWOWで原作ストーリーの連続ドラマが放送される。

そして映画版の監督には、『あゝ、荒野』で国内の映画賞を数多く受賞した岸善幸を起用。

その岸は森田のキャスティングについて――


『この映画にとって罪を犯してしまった人間の存在感こそ、物語の核となるとても重要なキャスティングだと考えていました。

森田さんが演じる〝工藤誠〟は気弱で優しく、そして常に罪悪感を背負う芝居だった。

それは僕らが期待した以上に、この作品にとって大きな力になってくれました』

――と、絶賛するコメントを寄せている。

岸監督のみならず、WOWOWの加茂義隆プロデューサーは――

『〝俳優・森田剛〟の魅力に取りつかれ、
いつか一緒に作品を作りたいと長く強く思い続けていました。
本作の企画中に観劇した舞台『FORTUNE』に心打たれ、
〝工藤誠役には森田剛しかいない〟と確信してオファーしました』

――と語っているほど、森田にこだわった起用だった。

製作サイドのいわばツートップからの熱烈なラブコールを受けた森田は、『ヒメノア～ル』以来、およそ6年ぶりの映画出演を快諾。

演じたのは〝職場のいじめが原因で同僚を殺めてしまった男〟工藤誠。

工藤は出所後、佳代のもとで更生して社会復帰へ近づいていたものの、ある日忽然と姿を消し、再び警察に追われる身となってしまう役柄だ。

森田は――

『脚本を読ませていただいたときに、

「この作品は自分に何か出来る作品ではないか?」――と、直感的に惹かれました』

――と語り、

『すごく難しい役でもありますが、

「この役で勝負をしてみたい!」――と感じ、出演させていただくことにしました』

――と、退所後に公開されるこの作品がいかに自分にとって重要な位置付けになるのかを理解した上で、

『だからこそ選んだ』

――と〝確信めいた自信〟を感じたことも明かしてくれた。

11月にWOWOWでオンエアされる連続ドラマでは、まだ新人の保護司である佳代が、様々な前科者と向き合い成長する様が描かれる。

そして映画版では、佳代が保護司として凶悪犯罪や、ままならぬ〝現実〟に立ち向かう姿がオリジナルストーリーで展開するのだ。

『まず素直に面白かったし、嘘がない脚本だと思いました。

工藤誠をはじめ、何らかのトラウマを背負い、現実と戦っている人たちを描いている物語。

もしそこに一人でも〝嘘〟がある人間がいたら、きっと成立しない物語です。

自分自身もそういう想いを感じながら生きているので、

すごく難しい役でもありますが、

「この役で勝負をしてみたい!」——と感じ、出演させていただくことにしました』〈森田剛〉

その森田でさえ『難しい』とする役作りは、岸監督と納得するまで話し合った上でクランクインを迎えたという。

『〝犯罪者〟の役と〝前科者〟の役は似ているようでいて真逆にある。
そんな疑問に思ったことも話し合うことが出来たし、
岸監督は役者をすごく信用して「自由にやっていいよ」と任せていただけたので、
それに応えたい気持ちで現場に臨むことが出来ましたね。
有村架純さんとの共演シーンも、台本にない部分で気持ちが繋がる演技が出来たかなと。
特に自分の中でも大切にしていたシーンだったので、想いは出し切れたと思っています。
公開されたらどのシーンのことか、当ててください（笑）』

映画『前科者』は――

『人は一人では生きていけない。
人との関わりを感じる作品になったので、
皆さんにも楽しんでもらいたいですね』

――と語る森田剛。

〝V6の森田剛〟から〝森田剛〟へ――。

一人の役者として新たな道を歩み始めた森田剛の行く先には、果たしてどんな未来が待っているのだろうか。

おそらくは〝唯一無二の役者〟として光り輝くステージが待っているに違いない――。

森田剛がすべてのファンに届けたい〝想い〟

個性派俳優の北村有起哉と高野志穂がスレ違いがちの夫婦役を務め、仲睦まじい頃に撮ったプリクラを貼り付けた〝いつでもこの頃に戻れる券〟を使い、久しぶりにデートを楽しむ設定が話題のAmazonプライムのテレビCM。

特に海沿いの舗道を歩く2人の手は〝恋人繋ぎ〟で固く結ばれ、いかにも楽しい時間を過ごした余韻が画面越しに伝わってくる。

実はこのCM、北村と高野の2人が〝本物の夫婦〟だからこその空気感が、好感度の高い最大の要因になっているのだ。

「〝恋人繋ぎで手を繋ぎ、2人の歩幅で歩く〟——そんな日常のワンシーンが象徴的なCMですが、今年の4月6日、同じように固く結ばれた恋人繋ぎで歩く森田剛くんと宮沢りえさんの姿が、白昼の原宿で堂々と目撃されているのです」（芸能週刊誌デスク）

昼と夜の違いはあれど、〝恋人繋ぎの距離感〟が物語るのは、愛し合う夫婦だからこその〝絆〟だ。

「ジャニーズ事務所ではたとえ結婚が許されても、結婚後に堂々とツーショットを見せつけることは〝ご法度〟になっています。あの東山紀之さんと木村佳乃さんの夫婦でさえ、公の場でツーショットになることを避けています。それはもちろんファンのためで、結婚している2人の生々しい姿を見せてショックの上塗りをさせないように。例外は子供の学校行事など、夫婦が揃って参加する〝クローズドな場〟だけです」（同芸能週刊誌デスク）

確かに言われてみれば、長野博と白石美帆、井ノ原快彦と瀬戸朝香、岡田准一と宮﨑あおいは、結婚後に2人並んで行動する姿はほとんど撮られていない。

「木村拓哉くんと工藤静香さんは2人の娘も含めて別格扱いになっていますが、森田くんの場合、決して事務所は宮沢りえさんと出歩くことを歓迎してはいません。過去の様々な言動を通し、彼にはジャニーズのルールが無意味であると諦めているのでしょう」（同前）

さて森田と宮沢が目撃された今年の4月6日とは、宮沢りえ48才の誕生日だった。

「夜は夜で、お嬢さんも含めた3人で過ごすため、昼は2人で誕生日デートを楽しんだようです。目的は表参道ヒルズでの買い物で、宮沢さんは10万円を越えるセットアップを選び、森田くんが堂々と会計を済ませたと聞いています。かなりの目撃者がSNSなどに書き込んでいますが、隠す気がないのだから仕方ありませんよね」(同前)

さらに表参道ヒルズを出た2人は、誰に憚ることなく恋人繋ぎで表参道を闊歩。

いくらマスクをしているとはいえ、道行く通行人は二度見、三度見で「森田剛と宮沢りえだ！」と確認すると、まるで海が二つに割れるかのように2人の歩く先が開けていったという。

「そもそも森田くんは独身時代から『結婚したら奥さんを大切にする。お互いに安らぎを感じる〝空気〟みたいな存在になるのも大事だけど、結婚記念日は必ずデートするドキドキ感も大事。男は慣れてくるとそういうことに無頓着になるけど、俺は絶対に忘れない。だってさ、ずっとドキドキしていたいもん』――と公言していたので、彼にしてみれば『前から言ってることを実行してるだけ』なのです。だから『今さら言われてもな』……の気持ちでしょうね」(同前)

他のエピソードでも故・蜷川幸雄氏に対する森田の傾倒ぶりはお話ししているが、ご存じの通り森田と宮沢は、蜷川氏の追悼公演『ビニールの城』で出会い、初めて共演した間柄。まさに蜷川氏が結びつけてくれたも同然の〝運命〟は、そう簡単に壊れるものではないだろう。いやむしろ、決してほどかれることがないほど固く結ばれた絆といってもいい。

「〝恋多き女性〟の宮沢さんは、かつて『**愛する存在がいてくれることがエネルギーの源**』と語ったことがあります。その存在が一人娘のお嬢さんであることはもちろん、森田くんも宮沢さんの原動力になっているでしょう。お互いに役者として力を与え合い、高め合えることが何よりも大切なわけで、結婚を発表する声明文で『**表現者として志高く歩んでいきたい**』——と記したことが、2人の夫婦関係を如実に示しています」（同前）

そして森田剛はこうも語る——。

『森田剛は結婚してから、
父親になってからのほうが、
「いい芝居をしている」と言われたいし、
そういう役者になることこそが、
結婚しても俺を応援してくれるファンに対する恩返し。
俺は芝居でしか届けられないんだよ、
その想いを』

この森田剛の想い、きっと皆さんにも届くはずだ――。

坂本昌行

『いかに自分自身と誠実に向き合えるかで、その人の〝器量の大きさ〟が見える。
自分に対して不誠実な人間は、性格も器量もみみっちいものだからさ(苦笑)』

人間の本当の大きさを推し量るには、「〝その人が自分に対してどれほど誠実か?〟が、一つの判断材料になる」――と、坂本昌行は持論を展開する。

坂本昌行

『世の中には確率に賭けるタイプの人と可能性に賭けるタイプの人がいて、何かを生み出せるのは、だいたいが後者なんだよね。〝確率が低いから〟ってやめる人には、自分の限界を超えられないから』

坂本昌行の明確なこだわり。「自分は確率ではなく、可能性に賭ける人間でいたい」――が、彼の大切なこだわりの一つ。

坂本昌行

『真っ直ぐ、真っ平らな道を進むだけじゃつまらない。
時には右や左にうねっていたり、
進むのが嫌になるぐらいの上り下りがないと』

ジャニーズ事務所に入所したものの、一度は諦めたＣＤデビューの夢。
頭を下げて戻ってきたのも、真っ直ぐ、真っ平らな道を進みたくなかったから。

坂本昌行

『一つだけ言えるのは、
目標を低い所に設定してしまう人ほど、その目標をクリア出来ないってこと。
簡単に飛び越えられるハードルも、
低い目標しか持たない人間にはきっと高い壁になる』

目標を低く設定するものは、そこに合わせた努力しかしない。しかし不思議と、そういうタイプの人間は〝低いからこそ〟失敗してしまうものなのだ。

長野博

『辛いときほど笑顔を絶やさぬように心掛ける。
少なくとも周囲に心配をかけずに済むから。
でもそれがバレると、逆に心配されまくる気がするんだけど（苦笑）』

人の心を穏やかにしてくれる、長野博の笑顔。確かに〝辛いときほど笑顔を絶やさない〟ことが知られてしまうと厄介だが、それでもやはり、どんなときでも笑顔は絶やさないほうがいい。

長野博

『近道をしても一方通行にぶち当たったら、余計に時間がかかるじゃん？
だったら最初から、真っ当な道を真っ当に走ろうよ』

安易に近い道、楽な手段を選んでばかりだと、もし本当のトラブルに遭遇したとき、自分の力では前に進めなくなる。後輩たちへの、長野博からの警鐘。

長野博

『行き詰まったときは、それまでと逆の発想をする。
それがこの世界で生きていく上での〝とっておきのセオリー〟になるんじゃないかな』

誰もが壁にぶち当たったり、思うように仕事が出来ないときがある。

そんなときは〝今の自分〟と真逆の発想をすることで新しいアイデアが生まれる。長野博の〝発想転換法〟。

長野博

『先輩って〝お手本〟になるんじゃなくて、
〝希望〟を持たせる存在になるべきなんじゃないかな』

後輩のジャニーズJr.のお手本になろうとするのではなく、自分の仕事ぶりで「あの人みたいになりたい!」と希望を持たせることが大切なのでは――という、長野博のアイデンティティ。

井ノ原快彦

『別に上に向かって伸びなくてもさ、横に向かって伸びればよくない？
俺なんか横にもいけなくて、地下に潜っちゃったこともあるよ（笑）。
だけどそれが〝人それぞれの個性〟じゃん』

自分を他人と比べる意味はない。もちろんそこに、価値もない。大切なのはそれぞれの個性。「自分は自分」——まさに井ノ原快彦の名言。

井ノ原快彦

『自分の背中は自分では見られないから、せめていつもキレイにしておこうよ。
汚ねえ背中見せてたら、誰も憧れてなんかくれないよ?』

実はV6で最も〝男らしい〟と言われる井ノ原快彦の、男臭さ満開のセリフ。
自分の背中は自分には見えない。「どんな背中を見せているのか?」
——常に考えながら生きるのが〝ザ・男〟なのだ。

井ノ原快彦

『運って〝良いか悪いか〟じゃなく、〝良いと思うか悪いと思うか〟でしょ? 何でみんな、そんなに運に振り回されたいのかな~』

運の良し悪しに振り回されないためには、運そのものをどうとらえるのか? 〝自身の考え方次第〟だと語る井ノ原快彦。確かにその発想は目からウロコ。

井ノ原快彦

『〝今日は明日のために。明日は明後日のために〟
——そうやって毎日、一歩ずつ前に進んでいけばいいじゃない』

「仕事で早く結果を出したい！　早く認められたい！」と焦れば焦るほど、空回りする確率も高くなる。ならばはじめから〝一歩ずつ進む〟つもりになればいい。

森田剛

『チャンスはいつ来るかわかんない。
でもそのチャンスは〝逃しちゃいけないチャンス〟から、
〝逃してもいいチャンス〟までごちゃ混ぜ。
要は自分の直感が動くか動かないか。
本当に鍛えるのはそこだろ』

チャンスが訪れるたびに何でもかんでも食いついてばかりいては、実は自分の価値を下げることに繋がりかねない。「チャンスを見極める直感こそが大切」——とする、森田剛のポリシー。

森田剛

『岡田は何につけても〝答え〟を見つけるタイプ。
俺は〝見つからないことも答えの一つ〟だと思えるタイプ。
芝居に対するアプローチは正反対同士だけど、
だからこそお互いのスタイルを尊重してるんだよ』

ジャニーズを代表する演技派の岡田准一を誰よりも認めているのは森田剛であり、たとえ賞レースには縁がなくても、森田剛を誰よりも認めているのは岡田准一。

森田剛

『俺は〝平凡〟って言葉は嫌いじゃないけど、〝平均〟って言葉は嫌い。
平凡は見方によっては〝それが個性〟だって思えるけど、
平均は数字が証明する〝真ん中の人〟だからね』

「平凡」と「平均」を〝イコールで考えない〟のが、森田剛特有の考え方。
極端に言えば「平均だと思われるぐらいなら、一番下の、下の下で全然いい」
――のが森田流。

森田剛

『よく〝自分の居場所〟がどうこう言うヤツがいるけど、
自分に自信があれば、居場所なんてどこでも関係なくね？
今いる場所が居場所。
それ以外に欲しいのって、逆にどんな居場所なんだよ』

自分がどこにいるかより、何をするかが大切だと気づけば、自分の居場所なんてどこでもいいし、こだわる必要がない。そう言える森田剛の〝強さ〟。

これからも森田剛は〝今いる場所〟こそが〝自分の居場所〟なのだ。

三宅健

『何か新しいことを始めるときに大切なのは、
それをやるやらないの決断力じゃなく、
やると決めてから動き出すときの行動力。
こういうのって、意外かもしれないけど剛が一番じゃね（笑）？』

ジャニーズJr.のツートップを〝剛健コンビ〟で務めて以来のつき合いになる三宅健と森田剛。普段、口に出して森田に触れることは少ないが、それでも誰よりも信頼を置いていることがわかるセリフ。

三宅健

『Jr.時代に怒られた経験がない子って、エリートでも何でもない。
ただ単に、目に入らなかっただけ。
全然期待されてないだけ。
怒られてばかりのお前のほうが、絶対的に将来有望なんだってば!』

『滝沢演舞城』を通し、ジャニーズJr.との交流を図った三宅健。「いつも怒られてばかり」と落ち込むJr.にかけた思いやりに溢れるセリフ。

三宅健

『後輩を導くっていうのは〝手を差し伸べて助ける〟ことじゃなく、
努力する目標や環境を整えてやることだったんだね。
まさかそれを、後輩の滝沢から教えられるとは想像してなかったけど……』

ジャニーズJr.を導くことに精力を注ぐ滝沢秀明。その姿から三宅健が感じたのは、後輩を育てることこそが〝ジャニーズの歴史を紡ぐ〟唯一の方法だということだった。

三宅健

『リハーサルで100%の力を出せないヤツが、
ステージの上で120%の奇跡を起こせるわけがない。
それを知ってるのは、
ステージで120%の力を出したことがあるヤツだけなんだよね』

本来、100%を超える力が存在するかどうかすらわからないが、しかし三宅健は「確かに120%に到達したことがある」という。そしてそれは、間違いなく日々の研鑽の先にあるのだ。

岡田准一

『何かを発見するっていうのは、
決して新しい物を見つけるってだけの意味じゃないよ。
新しい見方をする自分に出会うことこそ、
自分にとっての〝発見〟やと俺は思うな』

自分の人生を「発見の連続でいたい」と語る岡田准一。それは物理的な発見ではなく、自らの中に芽生える新たな発想や思考を指している。

岡田准一

『3年前、いや5年前の自分が正しかったかどうかの答えは、
実は今ようやく出てる頃なんですよ。
つまり努力って、それぐらいのスパンで結果が出るって思わなアカンのです』

どれほど頑張っても、すぐに結果を得られるほうがむしろ少ない。「今の頑張りが5年後の自分に繋がる」――と考えられる者だけが、5年後に生き残っているのだ。

岡田准一

『奇跡よりも〝軌跡〟を大切にしたい。
偶然よりも〝過程〟に価値を感じる。
俺はそういう仕事をしてきたつもりです』

時に「こだわりが強すぎる」との声も聞こえてくるが、岡田准一は「手を抜かず、コツコツと積み重ねることが大切」だとするスタンスを変えるつもりはない。

岡田准一

『七転び八起きどころか、
〝700転び701起き〟とかして、
ようやくわかりかけるのが人生ちゃうん?』

何度転んでもいい。その分だけ起き上がればいいのだ。そうしてやっとわかってくるのが〝人生〟というもの。岡田准一の人生観。

カメラマン岡田准一が撮った"等身大のV6"

25周年記念ライブ『V6 For the 25th anniversary』、そのリハーサルと並行して行われていた、25周年を記念して発売されるV6ビジュアルブック(期間限定発売)の撮影。

V6メンバーの舞台裏の素顔を追ったドキュメンタリー番組『RIDE ON TIME』では、そのビジュアルブックに向けてメンバーを撮り続ける岡田准一の姿も映し出されていた。

「今から12年前の2009年4月に、初の写真展を東京・銀座ソニービルで開催したように、岡田くんはカメラに関してはプロ級の腕前です。当時岡田くんは主演映画『おと・な・り』でカメラマン役を演じ、劇中でも使用したソニーのデジタル一眼レフカメラ『α』を使って、映画の撮影期間中に撮りだめた1000点近い作品の中から岡田くん自らが激選した55点の作品を展示しました」(写真誌関係者)

当時岡田は28才、その時点ですでに銀座で"個展"を開いたのだから、カメラに関しては本格派だ。

今年9月に発売された、カメラ・写真の専門雑誌『CAPA10月号』にも岡田が愛機（LEICA）と共に登場し、熱い〝カメラ愛〟を語っている。

その『CAPA10月号』のキャッチコピーは――

『創刊40周年スペシャル号！　写真家40名の名作と思い出カメラが大集合。カメラ愛あふれる岡田准一さんのインタビューも必見!!』

錚々たる顔ぶれのプロ写真家に交じっての登場だけに、岡田の並々ならぬ〝カメラ愛〟がわかるというもの。

「岡田くんは14才から写真を撮り始め、16才で初めて自分でカメラを買って以来、10台以上の愛機（CANON「EOS 5D Mark-Ⅲ」など）を所有しているそうです。岡田くん自身が言うには**『心が動いたときにいつでも撮れるように』**――と、常にカメラを持ち歩くようにして、自分の心のままにシャッターを切っているそうです。岡田くんにとって写真（カメラ）は趣味というより、すでに〝人生の一部〟なのでしょう」（同写真誌関係者）

自分とカメラの出会いについて、かつて岡田はこう明かしている――。


『V6としてデビューした14才のときに、初めてプロカメラマンの方にお会いしたんです。

撮影本番になると、カメラマンさんや周りの空気が変わることに刺激を受けて。

それが僕とカメラの出会いです』

そんな岡田がこだわりをもって撮ったのが、25周年ライブに向かうメンバーの素顔。

リハーサルと並行して、9月頃から岡田は――


『俺にしか撮れない顔を撮ってみようかな。

許されるのは自分ぐらいなので』

――と、心の動くままにメンバーにカメラを向けるようになっていた。

オープニング曲『Right Now』の収録では、ステージも何もない、まっさらな状態の国立代々木競技場第一体育館で、カメラを手に夢中でメンバーの〝今〟を記録し続ける岡田。

そのあまりにも夢中になりすぎた岡田にスタッフから、

「岡田監督！ あとにして」

——と声が飛ぶ。

V6の〝今〟、〝今でなければ撮れない〟メンバーの姿を撮り続ける岡田の情熱は、まわりの景色すら目に入らないほどだ。

そして岡田以外のメンバーも、ビジュアルブックの構成に関して強いこだわりを見せた。

「ビジュアルブックに〝インタビューを掲載するかどうか〟でメンバーから意見が交わされました。三宅くんは『**パンフレットじゃないんでしょ？ ビジュアルブックなんでしょ？**』——と、ビジュアルブックだからこそインタビューはないほうがいいと意見し、森田くんも『**25年の感じは、言葉がないほうが伝わるかなと思う**』——と、やはりインタビューはないほうがいいという意見でした。おそらく通常のビジュアルブックならインタビューも載せるケースが多いでしょうが、安易に流されず、メンバーそれぞれ、こだわりを持って臨んでいる姿がよくわかりました」（番組制作スタッフ）

さらに岡田が――

『俺らがイメージしているのは〝生感〟が見えてくるような、〝等身大の俺たち〟が作り上げていった感じが見える写真を選びたい』

――と熱く語ると、井ノ原も、

『すごい汗かいてる（写真）とか』

そして三宅は――

『やってきた証を撮りたい』

こうした強いこだわりの裏にあるものは、一体何なのだろう――。

『〝25年間アイドルやる〟ってどういうことか。

きっと……（人にはわからない何かが）あるのよ』

――と、〝6人にしかわからない想いがある〟と岡田が明かす。

こうしたメンバーの強いこだわりは、衣装にも貫かれた。

スタッフが「照明が映えそうだからメタリックカラーでいったら派手になります」と提案すると、

『〝ステージ衣装＝スパンコール〟みたいな概念をなくして欲しい』

――と三宅が進言。


『嘘ついていない感じがいいです。

〝普段の生きている俺たちが集まってきて（ライブを）やる〟っていうニュアンスを残したい』

――と、岡田は〝等身大の自分たちを見せたい〟と言う。

あくまでも〝等身大の自分たち〟を曝け出すことにこだわるメンバーたち。

おそらくそれが〝25年間アイドルをやってきた〟彼らが辿りついた、偽らざる境地なのだろう。

岡田が撮ったメンバーのオフショット写真を見た森田は――


『他の人ではありえない距離にいるじゃん、メンバーだから。

その写真はやっぱり特別だと思う』

――と話し、長野も、

『(カメラマンが撮る写真と岡田の写真では)温度感が違う』


――と、メンバーだからこそ感じる〝違い〟を口にする。

プロのカメラマンでも撮ることのできない、いやプロだからこそ決して撮れない、メンバーの自然で優しい表情の数々。

『アイドルをやってきた証を撮りたい』

26年間、共に歩んできたメンバーにしか撮れない写真がある。
そこに映し出されていたのは、まぎれもない〝等身大のV6〟だった——。

【V6軌跡——the tracks of V6——】

〈1995年〉

・8月　アイドル雑誌『Myojo』10月号で、同年秋に行われる『バレーボールワールドカップ』のイメージキャラクターとして、新しいグループが作られることが初めて発表される。
当時のグループ名表記は「Vsix」。

・9月4日　六本木のディスコ「ヴェルファーレ」にて『V6』デビュー記者発表。

・10月9日　V6主演『バレーボールワールドカップ』タイアップドラマ『Vの炎』（フジテレビ系）に出演（〜11月2日までOA）。

・11月1日　「MUSIC FOR THE PEOPLE」でCDデビュー。
同日にデビューイベント『SING FOR THE PEOPLE』を国立代々木競技場第一体育館前の特設会場で行う。

〈1996年〉

- 2月14日　2ndシングル『MADE IN JAPAN』リリース。
- 3月　『春の高校バレー』イメージキャラクターを務める。
- 5月29日　3rdシングル『BEAT YOUR HEART』リリース。
- 9月16日　4thシングル『TAKE ME HIGHER』リリース。
- 12月31日　前年1月17日に発生した阪神・淡路大震災の復興チャリティイベント『V6 COUNT DOWN'97』を神戸ワールド記念ホールにて開催し、収益金を神戸市教育委員会に寄付。

〈1997年〉

・1月20日　5thシングル『愛なんだ』リリース。

・4月3日　6thシングル『本気がいっぱい』リリース。

・7月9日　7thシングル『WAになっておどろう』リリース。

・10月16日　レギュラー番組『学校へ行こう！』放送開始。後続番組『学校へ行こう！MAX』が終了する2008年9月まで11年間にわたり放送される。

・11月6日　8thシングル『GENERATION GAP』リリース。

・12月1日　阪神・淡路大震災のチャリティー活動として、TOKIO・V6・KinKi Kidsが〝J-FRIENDS〟を結成することを発表。2003年3月まで活動。

〈1998年〉

・3月11日　9thシングル『Be Yourself!』リリース。

・7月15日　10thシングル『翼になれ』リリース。

・8月22日・23日　『24時間テレビ21』で森田剛チャリティーマラソンランナーとなり、100㎞を完走。

・11月11日　11thシングル『over／EASY SHOW TIME』リリース。

〈1999年〉

・3月31日　12thシングル『Believe Your Smile』リリース。

・5月12日　13thシングル『自由であるために』リリース。

・7月14日　14thシングル『太陽のあたる場所』リリース。

〈2000年〉

・2月2日　15thシングル『MILLENNIUM GREETING』リリース。
・5月10日　16thシングル『IN THE WIND』リリース。
・8月19日・20日　『24時間テレビ23』で番組パーソナリティを務める。
・9月10日　夏のコンサートで、さいたまスーパーアリーナのこけら落し公演。
・10月25日　17thシングル『CHANGE THE WORLD』リリース。

〈2001年〉

・2月9日〜11日　台湾・台北にてV6が日本人としては初の3日間連続公演を行う。
・2月28日　18thシングル『愛のMelody』リリース。
・6月20日　19thシングル『キセキのはじまり/SHODO』リリース。
・8月29日　20thシングル『出せない手紙』リリース。
・11月4日〜9日　Coming Centuryが台湾、香港でコンサートを開催。

〈2002年〉

・4月20日　韓国『ドリームコンサート2002』に日本人として初出演。
・5月4日　Coming Centuryが台湾の音楽祭『金曲奨』でプレゼンターを務める。
・6月12日　21thシングル『Feel your breeze／one』リリース。
・11月2日〜3日、15日〜17日　香港、台湾でコンサートを開催。

〈2003年〉

・3月19日　22thシングル『メジルシの記憶』リリース。
・5月28日　23thシングル『Darling』リリース。
・7月2日　24thシングル『COSMIC RESCUE／強くなれ』リリース。
・7月11日公開　『COSMIC RESCUE』でComing Century映画初主演。

・9月28日　V6初主演映画『ハードラックヒーロー』のイベント試写会を全国5大都市で実施。
東京国際映画祭の特別招待作品に選出、釜山国際映画祭に正式出品。

〈2004年〉

・3月24日　25thシングル『ありがとうのうた』リリース。
・8月4日　26thシングル『サンダーバード－your voice－』リリース。
・8月7日公開　映画『サンダーバード』で日本語吹き替え版の声優及び主題歌を担当。

〈2005年〉

・6月22日　27thシングル『UTAO－UTAO』リリース。
・10月12日　28thシングル『Orange』リリース。

・10月28日公開　V6主演映画『ホールドアップダウン』が全国公開。

・11月1日　デビュー10周年。
国立代々木競技場第一体育館で記念イベントを開催。

翌2日から全国ツアー『V6 10th Anniversary Concert 2005 music mind』を開催。

東京・渋谷にミュージアム「V6 10th ANNIVERSARY MUSEUM」が期間限定でオープン。

・12月6日　韓国『日韓友情年記念コンサート』に日本代表として出演。

〈2006年〉

・6月14日　29thシングル『グッデイ!!』リリース。

・8月3日～9月1日　全国ツアー『V6 SUMMER LIVE 2006 グッデイ!!』開催。
1995年12月の初コンサートから通算500万人の動員を達成。

〈2007年〉

・1月31日　30thシングル『HONEY BEAT／僕と僕らのあした』リリース。

・5月23日　31thシングル『ジャスミン／Rainbow』リリース。

・9月12日　10枚目のオリジナル・アルバム『Voyager』、オリコンアルバムランキングで初登場1位を獲得。

・12月12日　32thシングル『way of life』リリース。

〈2008年〉

・5月28日　33thシングル『蝶』リリース。

・9月17日　34thシングル『LIGHT IN YOUR HEART／Swing!』リリース。

〈2009年〉

・6月17日　35thシングル『スピリット』リリース。
・9月2日　36thシングル『GUILTY』リリース。
・9月19日　韓国・ソウルで開催された『アジア・ソング・フェスティバル』に出演。日韓文化交流の功績からアジアスペシャルアワードを受賞。
・11月14日〜22日　韓国、台湾で7年ぶりのアジアツアーを開催。

〈2010年〉

・9月1日　37thシングル『only dreaming／Catch』リリース。

〈2011年〉

・8月24日　38thシングル『Sexy.Honey.Bunny!／タカラノイシ』リリース。

〈2012年〉

・2月15日　39thシングル『バリバリBUDDY!』リリース。
・8月8日　40thシングル『kEEP oN.』リリース。
・12月26日　41thシングル『ROCK YOUR SOUL』リリース。

〈2013年〉

・8月21日　42thシングル『君が思い出す僕は 君を愛しているだろうか』リリース。

〈2014年〉

・8月27日　43thシングル『涙のアトが消える頃』リリース。
・10月22日　44thシングル『Sky's The Limit』リリース。
・12月31日　『第65回NHK紅白歌合戦』に初出場。

〈2015年〉

・5月8日　45thシングル『Timeless』リリース。

・8月22日・23日　『24時間テレビ38』でHey! Say! JUMPと共にメインパーソナリティを務める。

・8月30日～11月1日　全国ツアー『ラブセン presents V6 LIVE TOUR 2015 ―SINCE 1995～FOREVER―』を開催。

・11月1日　デビュー20周年。

・11月3日　『学校へ行こう!』が特別番組として7年ぶりに放送。

・12月6日　WOWOWで全国ツアー最終公演の模様が独占放送。

・12月24日・25日　『第41回ラジオ・チャリティ・ミュージックソン』でメインパーソナリティを務める。

〈2016年〉

・6月8日　46thシングル『Beautiful World』リリース。
・10月23日　国立代々木競技場第一体育館で開催された『テレビ朝日ドリームフェスティバル2016』に出演。

〈2017年〉

・3月15日　47thシングル『Can't Get Enough／ハナヒラケ』リリース。
・5月3日　48thシングル『COLORS／太陽と月のこどもたち』リリース。
・8月11日～10月22日　全国ツアー『LIVE TOUR 2017 The ONES』を開催。

〈2018年〉

・5月30日　49thシングル『Crazy Rays／KEEP GOING』リリース。

〈2019年〉

・1月16日　50thシングル『Super Powers/Right Now』リリース。
春頃、森田剛より「ジャニーズ事務所を離れた環境で役者に挑戦したい」との申し出がされる。

・6月5日　51thシングル『ある日願いが叶ったんだ/All For You』リリース。

〈2020年〉

・5月13日　新型コロナウイルス感染拡大防止の支援活動『Smile Up! Project』の一環として、V6のメンバーを含むジャニーズ事務所所属グループ76名の期間限定ユニット「Twenty★Twenty」を結成することが発表。

・9月26日　NHK『SONGS』にて岡田准一が「抜けても頑張っている後輩くんたちたくさんいるから発言は難しいけど、俺ら1人でも抜けたらV6はないってそれ（思い）が強い」と発言。

・9月23日　52thシングル『It's my life／PINEAPPLE』リリース。
・11月1日　デビュー25周年記念配信ライブ『V6 For the 25th Anniversary』を開催。
前日の10月31日にはファンクラブ会員限定の前夜祭を配信。

〈2021年〉

・3月12日　森田剛が同年11月1日をもってジャニーズ事務所を退所すること、同時にV6の解散が発表される。
Coming Centuryはグループの解散と同時に活動終了。
20th Centuryのみ活動を継続。
・6月2日　53thシングル『僕らは まだ／MAGIC CARPET RIDE』リリース。
「デビューからのシングルTOP10入り連続年数」が27年で歴代1位を記録。
・9月4日　14thオリジナルアルバム『STEP』リリース。
・10月26日　ベストアルバム『Very6 BEST』リリース。

・11月1日

デビュー26周年。

~V6ファイナル~

and Forever……

エピローグ

間もなくフィナーレを迎える全国ツアー『LIVE TOUR V6 groove』の初日、V6からファンへのビッグサプライズが発表された。

V6の結成記念日でもある9月4日、福岡のマリンメッセ福岡で行われたツアー初日のステージ。

井ノ原快彦から——

『10月26日にベストアルバムをリリースする』

——ことが発表され、会場は割れんばかりの拍手に包まれた。

自ら「勤続26年」というV6には、その26年の間にV6、20th Century、Coming Centuryを合わせ、優に400曲を超えるオリジナル曲が存在している。

つまりベストアルバムであると同時に26年の集大成でもあるわけで、まさに〝BEST OF THE BEST〟に相応しい作品になるだろう。

「2016年に解散したSMAPは解散前にベストアルバムを発売することなく、ファンの皆さんをガッカリさせました。W杯バレーでデビューした直系後輩の嵐は、活動休止を発表した2019年『5×20 All the BEST!! 1999-2019』というベストアルバムをリリース。翌年にはギネスワールドレコーズから〝2019年に世界で最も売れたアルバム(330万枚)〟に認定されました。口さがない芸能評論家の中には〝単なる解散商法〟〝本当にファンのためを思うなら、そもそも解散しなければいい〟などと言いますが、活動した〝証〟をしっかりと残してくれることこそ〝真のファン想い〟なのです」(音楽プロデューサー)

ファンの皆さんが待ち望んだV6のベストアルバムは、メンバー自身が400曲を超えるオリジナル曲の中からシングル楽曲、シングルカップリング、アルバム楽曲、トニセン楽曲、カミセン楽曲をテーマにセレクト。またこれまでに配信ライブでは披露していたものの、CD化されていなかった待望の未音源楽曲『Full Circle』『クリア』の2曲も収録されている。

「『Full Circle』は昨年6月16日に配信された『Johnny's World Happy LIVE with YOU』で初披露し、11月1日のCDデビュー25周年配信ライブでも披露しています。しかし残念ながらCD化はされておらず、ファンの間からは発売を期待する声が上がっていました。もしベストアルバムが発売されなかったら埋もれていた名曲です」(同前)

同時に収録されるミュージックビデオのコンセプトは〝進み続け、辿りついた今〟で、V6の過去と今の融合を表現した作品に仕上がっている。

中庭を囲むように円形にセットされた6つの部屋をメンバーが周回していく構成で、各部屋には過去の作品で使用されたモチーフが登場。

1周するごとにモチーフが足されて部屋が進化する様子は、V6が歩んできたこれまでの軌跡を表現しているそうだ。

「最後の一周では様々な〝色〟が部屋を塗り替えていく中、そこをメンバーが駆け抜けることで〝過去を塗り替える今の強さ〟を表しています。クライマックスではカラフルな大量の紙吹雪の中、円になって踊る6人の姿が注目です」(同前)

ミュージックビデオの解禁と共に発表された収録曲は、デビュー曲の『MUSIC FOR THE PEOPLE』からスタートする4CD、合計71曲のスーパーボリューム。

特に初回限定盤Aには、71曲中32曲のミュージックビデオ+『Full Circle』のメイキングも収録されている。

『何がしんどかったかって、
楽曲をセレクトするということは、イコール〝落とす楽曲を決める〟作業ということ。
表向きにはずっと「厳選してセレクトしたので期待してもらいたい」と話してきましたが、
その裏にはいつも――
「(あの曲、落としてもよかったのかな……)」
――という葛藤と戦いながらの苦行でしたね(苦笑)』〈坂本昌行〉

V6の〝ファンへの想い〟をベストアルバムに乗せ、6人はそれぞれの道を歩み出そうとしている。

しかし、彼らがV6として走り続けた26年間の道程は、決して消え去ることはない。

彼らの胸の中に、我々の記憶の中に、刻み込まれているのだから。

これからも永遠に、V6は〝V6〟であり続けるのだ――。

the Final stage V6

2021.11.1 —— 26th & forever V6

〔著者プロフィール〕
永尾愛幸（ながお・よしゆき）

民放キー局のテレビマンを退職し、早稲田大学の社会人聴講生になった変わり種。心理学者、社会学者の肩書を併せ持ち、現在は芸能ライターとして活躍中。テレビマン時代のコネクションを活かし、彼にしか取れない豊富なネタを持つ。本書では、彼の持つネットワークを通して、V6と交流のある現場スタッフを中心に取材を敢行。6人が語った“メッセージ”と、周辺スタッフから見た彼らの“素顔”を紹介している。

主な著書に、『V6 ―ラストメッセージ―』『KinKi Kids must Go On. ～2人の言葉、その想い～』『嵐～言葉ノチカラ～』『SMAP ～25年目の真実～』（以上、太陽出版）がある。

V6 ―ファイナル―

2021年11月1日　第1刷発行

著　者……………　永尾愛幸
発行者……………　籠宮啓輔
発行所……………　太陽出版
〒113-0033　東京都文京区本郷3-43-8-101
電話03-3814-0471／FAX03-3814-2366
http://www.taiyoshuppan.net/

デザイン・装丁…　宮島和幸（KM Factory）
印刷・製本………　株式会社シナノパブリッシングプレス

ISBN978-4-86723-056-5

◆ 既刊紹介 ◆

V6
～ 6人の絆、明日への誓い～

永尾愛幸［著］ ¥1,300円+税

『“迷った仕事は受けてみる。迷った時は絶対に前に出ろ”
――っていう、坂本くんの教えを守ってるんです。
失敗しても成功しても、前に出てチャレンジした事実は残る。
その事実が自分を強くしてくれる』〈岡田准一〉

彼らの“原点”と、今に繋がる“想い”から読み解くV6の本質――
彼ら自身の言葉と、周辺スタッフが語る彼らの真の姿を独占収録!!

◉森田剛
『もし仮に、同じ真ん中でもトニセンに組み込まれたイノッチとか、
それこそ最年少の岡田のポジションだったら、
10 年ぐらい前に逃げ出していたかもしれない。
森田剛は真ん中にいるから生かされて、活かされてきたんですよ』

◉三宅健
『俺たちはいつも“答えは自分たちで探そうぜ”を合言葉にして、
必死に考える癖をつけた。
カミセンで仕事をする時はずっと昔のノリでやってたよ』

◉井ノ原快彦
『もう 10 年以上前の話だけど、マッチさんに――
「どんなときでも焦るな。周囲に当たるな、無駄に怒るな。そして自分を諦めるな」
――とアドバイスされたことがあって、
それはマッチさんが美空ひばりさんから教えてもらった言葉だったんですよ』

嵐 next stage
―21年目までの嵐、22年目からの嵐―

矢吹たかを［著］ ¥1,400円+税

『僕にとっても、嵐は夢でした。
“いつかこの夢の続きを出来たらいいな”――と思います』
〈松本潤〉

活動休止――“その後の嵐”
メンバー自身の言葉と側近スタッフの証言から、
メンバーそれぞれの内面に迫る！
テレビ等のメディアが伝えない“嵐の真実”を独占収録 !!

◆既刊紹介◆

V6
—ラストメッセージ—

永尾愛幸［著］ ¥1,400円+税

『“解散”を次のステップにすることが出来るか、
それとも踏み外してしまうかは自分次第。
もちろん俺らは全員、次のステップに出来る』〈井ノ原快彦〉

解散を前にV6メンバーが語った“メッセージ”を独占収録！
側近スタッフだけが知る“未公開エピソード”を多数掲載！
彼らの“原点”と、今に繋がる“変わらぬ想い”——
V6のすべてがこの1冊に!!

【主な収録エピソード】

・森田剛の“運命”を変えた出会い
・“V６の解散とジャニーズからの独立”——森田剛の真意
・“剛健コンビ”にしかわからない三宅健の決断
・三宅健が引き際に想う“V６の美学”
・岡田准一が見据える“V６解散、森田剛退所”、その先——
・岡田准一が坂本昌行に伝える“無言の感謝”
・坂本昌行と中居正広を結びつける“リーダー同士の絆”
・坂本昌行が持ち続ける“決してブレない本分”
・“V６解散へのカウントダウン”——長野博が向かう先
・森田剛を最後まで引き留めた“頑ななまでに慎重な男”
・井ノ原快彦と長野博に築かれた“信頼関係”
・井ノ原快彦、そしてV６メンバーが見つめる“解散の向こう側”

太陽出版
〒113-0033
東京都文京区本郷 4-1-14
TEL 03-3814-0471
FAX 03-3814-2366
http://www.taiyoshuppan.net/

◎お申し込みは……
お近くの書店にお申し込み下さい。
直送をご希望の場合は、直接小社宛にお申し込み下さい。
ＦＡＸまたはホームページでもお受けします。